中華古籍保護計劃

ZHONG HUA GU JI BAO HU JI HUA CHENG GUO

·成果·

The Bibliography of
Chinese Ancient Books
Collected in
Pitts Theology Library in
Emory University

Compiled by Pitts Theology Library of
Emory University

Arranged by Ming Liu

海外中華古籍書志書目叢刊

美國埃默里大學神學院圖書館
藏中文古籍目録

美國埃默里大學
神學院圖書館 編

劉明 整理

國家圖書館出版社

圖書在版編目（CIP）數據

美國埃默里大學神學院圖書館藏中文古籍目錄 / 美國埃默里大學神學院圖書館編 ; 劉明整理 . — 北京 : 國家圖書館出版社 , 2016.8

（海外中華古籍書志書目叢刊）

ISBN 978-7-5013-5866-3

Ⅰ.①美… Ⅱ.①美… ②劉… Ⅲ.①院校圖書館－中文－古籍－圖書館目錄－美國 Ⅳ.① Z8

中國版本圖書館 CIP 數據核字（2016）第 144296 號

書　　名	美國埃默里大學神學院圖書館藏中文古籍目錄
著　　者	美國埃默里大學神學院圖書館　編　劉明　整理
責任編輯	程魯潔

出　　版	國家圖書館出版社（100034　北京市西城區文津街 7 號） （原書目文獻出版社　北京圖書館出版社）
發　　行	010-66114536　66126153　66151313　66175620 66121706（傳真）　66126156（門市部）
E-mail	nlcpress@nlc.cn（郵購）
Website	www.nlcpress.com →投稿中心
經　　銷	新華書店
印　　裝	河北三河弘翰印務有限公司
版　　次	2016 年 8 月第 1 版　2016 年 8 月第 1 次印刷

開　　本	880×1230 毫米　1/32
印　　張	9
字　　數	200 千字

| 書　　號 | ISBN 978-7-5013-5866-3 |
| 定　　價 | 60.00 圓 |

美國埃默里大學神學院圖書館外景

美國埃默里大學神學院圖書館藏中文古籍

编目人员工作照

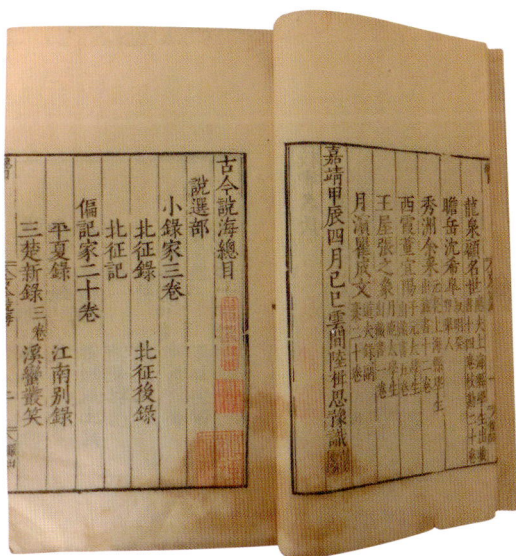

古今説海

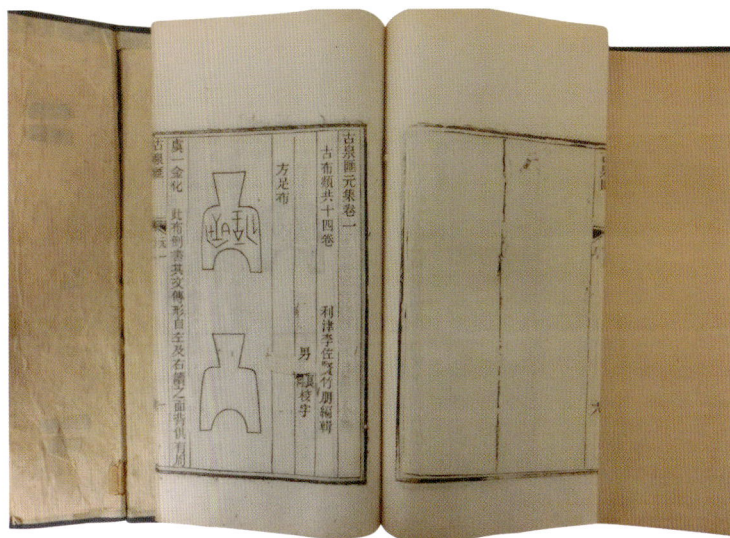

古泉匯

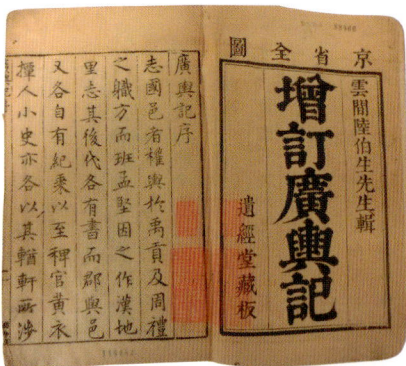

廣輿記

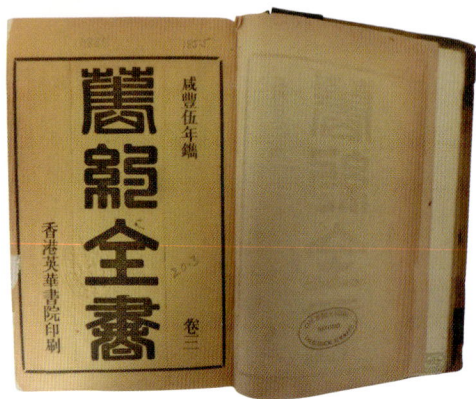

舊約全書

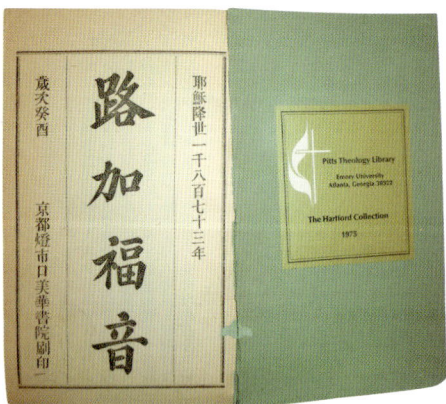

路加福音

中國國家圖書館
美國埃默里大學神學院圖書館　　合作成果

The mutual cooperation achievement of Chinese ancient books bibliographic records between National Library of China and Pitts Theology Library of Emory University in America

古籍回歸故里　功德澤被千秋（代序）

　　"史在他邦，文歸海外"，這是鄭振鐸先生面對中華古籍流失海外時的慨歎。流傳海外的珍貴典籍，無論是文化交流、贈送、交換、販售，還是被掠奪、偷運，抑或是遭非法交易、走私等，都因其具備極高的文物價值和文獻價值，而爲海外所看重。因此，其中多珍善版本，甚而還有不少是孤本秘笈。據估算，海外中文古籍收藏數量超過三百萬冊件，北美、歐洲、亞洲等許多大型圖書館、博物館和私人機構、寺廟等都收藏有中文古籍。甲骨、竹木簡、敦煌西域遺書、宋元明清善本、拓本輿圖和中國少數民族古籍等，在海外都有珍稀孤罕的藏品。

　　中華文化綿延五千年，是全世界唯一沒有中斷的古老文明，其重要載體就是留存於世的浩瀚典籍。存藏於海外的典籍，同樣是中華燦爛輝煌文化的重要見證，是釐清中華文明發展脈絡不可或缺的組成部分。要促成中華民族最重要的智慧成果歸於完璧、傳承中華文化優秀成果，就必須高度重視海外古籍回歸工作。

　　新中國成立以來，黨中央、國務院始終高度重視海外中華古籍的回歸與保護工作。1981 年中共中央在《關於整理我國古籍的指示》中，明確指出"通過各種辦法爭取弄回來，或者複製回來，同時要有系統地翻印一批珍本、善本"。2007 年，國務院辦公廳頒佈《關於進一步加強古籍保護工作的意見》，指出要"加強與國際文化組織和海外圖書館、博物館的合作，對海外收藏的中華古籍進行登記、建檔"。同年"中華古籍保護計劃"正式啟動，中國國家圖書館加掛"國家古籍保護中心"牌子，負責牽頭與海外藏書機構合作，制訂計劃，有步驟地開展海外古籍調查工作，摸清各國藏書情況，建立《國家珍貴古籍名錄》(海外卷)。2011 年文化部頒佈《關於進一步加強古籍保護工作的通知》，指出"要繼續積極開展國際合作，調查中華古籍在世界各地的存藏情況，促進海外中華古籍以數字化方式回歸"。

按照黨中央、國務院的要求，半個世紀以來，海外中華古籍的回歸工作一直在不斷推進，並取得了一系列的重要成果。1955 年和 1965 年，在周恩來總理親切關懷和支持下，中國國家圖書館兩度從香港購藏陳清華舊藏珍籍；2004 年，又實現了第三批陳清華海外遺珍的回歸。2010 年，在國際學者和學術機構的幫助下，中國國家圖書館在館網上建立了海外中文古籍專題網站，發佈了"哈佛燕京圖書館藏中文善本特藏資源庫"。2013 年，北京大學中國古文獻研究中心團隊所承擔的《日本宮內廳書陵部所藏宋元本漢籍叢刊》由上海古籍出版社出版；2013 年 5 月、2014 年 7 月，中國國家圖書館出版社分別影印出版了《哈佛燕京圖書館藏〈永樂大典〉》《普林斯頓大學東亞圖書館藏〈永樂大典〉》；2014 年日本大倉汲古館藏書整體入藏北京大學圖書館。這些不同形式的海外古籍回歸，均有利於學術研究，促進了中外文化交流。但總體說來，這些僅係海外古籍中的極少部分，絕大多數仍沉眠於海外藏書機構或藏家手中，國人無緣得見。

在海外中華古籍實物回歸、數字化回歸、影印出版等幾種方式中，採取以影印出版的方式永久保存承載華夏文明的中華古籍特藏，是古籍再生性保護的重要手段，是繼絕存真、保存典籍的有效方式，也是傳本揚學、惠及士林的最佳方式，它不僅有利於珍本文獻原件的保存和保護，更有利於文獻的利用和學術研究，而且也有效地解決了古籍保護與利用之間的矛盾。與實物回歸相比較，影印出版的方式更爲快捷，規模也更大。

爲進一步做好海外中華古籍的回歸工作，2014 年國家古籍保護中心（中國國家圖書館）彙集相關領域專家、國外出版機構、出版工作者等多方力量，在已有工作的基礎上，整合資源、有序推進，策劃啓動了"海外中華古籍書志書目叢刊""海外中華古籍珍本叢刊"兩大海外中華古籍回歸項目。"海外中華古籍書志書目叢刊"編纂出版海外圖書館、博物館、書店等單位或個人所藏中華古籍新編書目、歷史目録、專題書目、研究書志書目、藏書志、圖録等；"海外中華古籍珍本叢刊"則以影印的方式，按專題或收藏機構系統整理出版海外圖書館或個人存藏的善本文獻、書籍檔案，對具有典型性、文物性、資料性和藝術性的古籍則採用仿真影印的形式出版；希望通過"海外中華古籍書志書目叢刊""海外中華古籍珍本叢刊"的持續出版，促進海外古籍的影印回歸。

"海外中華古籍書志書目叢刊""海外中華古籍珍本叢刊"編纂出版項目作爲"中華古籍保護計劃"的一部分，它的實施對保存保護中華傳統典籍、推進海外散藏文獻爲學界利用、促進學術研究深入開展均具有重要意義，也必將極大促進中外文化交流的實質性拓展。

　　是爲序。

　　　　　　　　　國家古籍保護中心（中國國家圖書館）

　　　　　　　　　2015 年 3 月

序　言

張志清

　　美國埃默里大學富藏中國文獻。2008 年，王國華女士大作《美國埃默里大學圖書館藏來華傳教士檔案使用指南》於廣西師範大學出版社問世，我有幸獲觀，瞭解自 1850—1940 年美國來華傳教士手稿多收藏於各大學圖書館，尤其是 19 世紀在中國最具影響力的傳教士林樂知手稿系統而豐富。在隨後與國華女士多次交流中，更瞭解神學院圖書館尚收藏部分中國古籍，未能完整編目和評估，遂有合作編目的意愿。國華女士回美後，將此愿望向神學院圖書館 Mr. Patrick M. Graham 館長請示，獲得熱烈響應，并爲此項合作籌措到一筆資金，希望中國國家圖書館能派遣一名中文古籍編目專家赴美編目，計劃將編目成果在機讀目録中提供師生檢索閱讀，并整理一部書本目録工具書公之於世。經本館古籍館陳紅彥副館長和國際交流處張煦處長支持，決定派遣善本組劉明先生赴美編目。Mr. Patrick M. Graham 館長高度重視此項合作，親赴機場迎接劉先生。Felicia Bianchi 女士對其在美的食宿給予了周到安排。劉先生在美工作期間，王國華女士隨時給予劉先生幫助，特別是操作基於 USMARC 的編目系統方面給予劉先生具體指導。劉明先生以其勤奮負責的態度，也全力以赴投入工作，按時保質完成了合作項目。其成果便是今天見到的《美国埃默里大學神學院圖書館藏中文古籍目錄》。這本目錄是中美兩國文化交流上的一段佳話。通過這項合作，爲中國國家圖書館鍛煉了編目人才。在此，我謹向 Mr. Patrick M. Graham 館長、王國華女士和諸位美國同仁表示衷心感謝！

埃默里大學神學院在美國神學界頗具影響力。神學院圖書館所藏中文古籍以基督教文獻爲主。這批 1840 年以來在中國採用活字或雕版印刷的書籍，反映了第一次鴉片戰爭以後基督教在中國傳播的部分歷史情況。其中，出版時間最早的是 1845 年英番聖公會在香港出版的《路加傳福音書》。還有部分闡釋《聖經》的著述，例如何天爵（Chester Holcomb）的《心箏指明》、格瑞氏（Divie Bethune，Mccartee）的《真理易知》，以及倪維思（John L.，Nevius）的《祀先辨謬》等。還有一小類是與鴉片有關的出版物，如《勸戒鴉片良言》和《指迷編》兩部書，後者介紹的是吸食鴉片後如何排毒的中醫配方。爲了適應中國不同方言區傳教的需要，這些出版物按方言區分爲不同版本，如福州評話版、官話版、官話和合版、上海土白版、羊城土話版等，頗具特色。從出版地考察，這些書籍還提供了當時在華基督教文獻出版機構主要集中在香港、上海、北京、福州、武漢、寧波和南京等地的信息，如上海墨海書館、美華書館，福州太平街福音堂、美華書局，香港英華書院，北京京都美華書院、燈市口書院、京都福音堂，武漢（當時稱漢鎮）的英漢書館，寧波華花印書局，南京金陵聖道書院等，反映了基督教在華傳播的"文化版圖"。通過這批基督教文獻，可以明顯感受到基督教對古老中國社會的影響，在書籍生産方式上也體現了由雕版印刷向活字印刷、由綫裝本向平裝本、由文言譯本向方言譯本的過渡和轉變，特別是官話和合版《聖經》還推廣了現代白話文，更是難能可貴。神學院圖書館收藏的中國傳統古籍，内容則以介紹中國文化知識爲主，不重版本，可以看出當時傳教士渴盼瞭解中國文化的願望。其中裝幀、印刷、紙墨俱佳的古籍，就有《廣輿記》《古泉匯》《古今説海》和《欽定錢録》等。還有一部臺中府苗栗一堡三湖莊崇德堂刻本《牖民覺路》，而書板藏福州，這是兩岸同屬一家的實物見證。

　　根據雙方共識，書目由中國國家圖書館（國家古籍保護中心）資助，列入“海外中華古籍合作保護項目”成果中，成爲國際合作的範例。目前，中國國家圖書館（國家古籍保護中心）在官網上相繼發佈了“中華古籍善本國際聯合目録系統”“東京大學東洋文化研究所漢籍全文影像數據庫”和“哈佛燕京圖書館藏中文善本特藏資源庫”等專題古籍數據庫和影像資源庫。這次合作的成功，也爲開展海外中華古籍合作保護積累了經驗。我們期待以此爲契機，在“海外中華古籍合作保護項目”中結出更多的豐碩成果。

2015 年 12 月

Preface

It is with great pleasure that I add my words to those of Mr. Zhiqing Zhang, Deputy Director of the National Library of China, to introduce this bibliography of Chinese works at the Pitts Theology Library. We are deeply grateful to Mr. Zhang and to the National Library of China for their commitment to cultural exchange and for their willingness to support this important work. We are also thankful to Emory's Library and Information Technology Services division for their support and for the efforts of Ms. Felicia Bianchi and Mrs. Ceray Doss-Williams to help with visa arrangements, housing, access to Emory systems, and much more.

In addition, we are deeply grateful to Mr. Ming Liu of the National Library of China, who brought to the project his cataloging expertise, conscientious spirit, good cheer, and vision for what more could be accomplished after the cataloging was complete—this bibliography. Mr. Liu spent three months in Atlanta working on these materials, and we appreciate the sacrifices that he made to be away from his wife and daughter for this period of concentrated work in America. We are also thankful to Mrs. Gua-Huo Wang of the General Libraries at Emory for proposing that we engage the National Library of China in our effort to catalog these materials and for playing such a crucial role in facilitating communication among the various parties, training Mr. Liu, and showing hospitality and encouragement to all involved. Finally, words of thanks are also due to Dr. Siedlecki, Head of Cataloging at the Pitts Theology Library, for his cataloging and technical expertise, commitment to the project, and efforts to support the work of Mr. Liu by providing access to the Chinese materials and answering questions that arose along the way.

As it turned out, this project was the capstone of an effort by Pitts Theology Library staff to catalog the 220,000 volumes from the Hartford Seminary Foundation that came to Emory in 1976. There were more than 1,500 volumes of Chinese materials in the Hartford collection, and while Mr. Liu focused his efforts on those published during the Qing dynasty (1840–1912), the Emory online catalog shows almost 800 records as the product of his labor.

So, it is with great pride and deep appreciation that we greet the publication of this volume, and our hope is that it will both support and encourage future research in this area and lead to further collaboration between Emory University Libraries and the National Library of China.

M. Patrick Graham

Margaret A. Pitts Professor of Theological Bibliography

Candler School of Theology

凡　例

1. 本目録爲書本式目録，著録内容包括題名項、責任者項、版本項、稽核項和附注項等。附録基督教文獻中 1912 年以前的出版物歸入古籍範圍。

2. 題名項、責任者項、版本項、附注項（部分内容）分别以中文和拼音（個别爲英文）兩種方式著録。

3. 題名項均依照原書著録，一般以卷端題名爲著録標準。屬同一責任者多題名者以"，"隔開，不同責任者題名分别著録。題名含副標題者以"："表示，有不同文種的並列題名者以"（ ）"表示。

4. 責任者項，包括責任者時代、責任者和責任方式三項内容，責任者時代不詳者以"（--）"表示。責任者需補充説明者以"［ ］"表示。責任者如爲外籍人士，編目書籍中有明確的外文姓氏，不再使用拼音。

5. 版本項採用客觀著録。出版地均以"［ ］"表示，出版地不詳以［s.l.］、出版者不詳以［s.n.］表示。出版時間標注相應的西元紀年，以"［ ］"表示。出版年屬大致時段者，如清末定爲 1875—1911 年，清末民初定爲 1877—1927 年。出版年不詳者以"〔××？〕"表示。出版地、出版者不詳者不再翻譯成中文。

6. 稽核項，册件數以"volume"表示，書盒（函）以"case"表示。

7. 附注項，不同子目間以"—"表示，卷册數用阿拉伯數字記錄。存卷（册）或缺卷（册）的拼音方式採用英文描述，具體內容則以對應的拼音描述。主要有下述四種方式：incomplete : juan4-6 missing；Library only has v. 2 : juan3-5；Library only has 2 volumes : juan3-5, juan7-10；v.1 wanting。

8. 本目錄主要參據西文書籍的編目格式，同時結合中文書籍著録規則略加調整。

目　　録

中文古籍（−1911）
the part of Chinese ancient books（−1911）

經部
Jing bu

總類
Zong lei

XB166[①]

古經解彙函十六種，附小學彙函十四種，續附十種

Gu jing jie hui han 16 zhong, fu Xiao xue hui han 14 zhong, xu fu 10 zhong

（清）鍾謙鈞編

（Qing）Zhong Qianjun bian

［上海］: 蜚英館，清光緒戊子［1888］

［Shanghai］: Fei ying guan, Qing Guangxu wuzi［1888］

Lithoprint

20 volumes；20 cm

Library only has 2 volumes：

存二冊: 小學彙函第八種説文篆韻譜，第九種玉篇，第十

---

① XB，表示新編古籍的暫編號。

種干禄字書，第十一種五經文字，第十二種九經字樣

PL2464. Z6C4

欽定七經

Qin ding qi jing

（清）聖祖［玄燁］御纂；李光地總裁

（Qing）Shengzu［Xuan ye］yu zuan；Li Guangdi zong cai

［北京］：武英殿，清康熙五十四年［1715］

［Beijing］：Wu ying dian，Qing Kangxi 54 nian［1715］

Blockprint

156 volumes in 28 cases；27 cm

［v.1–12］御纂周易折中：22 卷 / 李光地撰—［v.13–24］欽訂書經傳說彙纂：21 卷 / 王頊撰—［v.25–42］欽訂詩經傳說彙纂：21 卷 / 王頊撰—［v.43–64］欽訂春秋傳說彙纂：38 卷 / 王揆撰—［v.65–90］欽訂周官義疏：48 卷 / 允禄撰—［v.91–116］欽訂儀禮義疏：48 卷 / 允録撰—［v.117–156］欽訂禮記義疏：82 卷 / 允禄撰。

PL2461. Q4 1887

宋本十三經注疏附校勘記

Song ben Shi san jing zhu shu fu jiao kan ji

（清）阮元校勘

（Qing）Ruan Yuan jiao kan

［中國］：脈望仙館，清光緒十三年［1887］

［China］：Mai wang xian guan，Qing Guangxu 13 nian［1887］

Lithoprint

32 volumes in 11 cases（double leaves）；20 cm

［v.1］周易正義 / 王弼，韓康伯注；孔穎達等正義—［v.2-3］尚書正義 / 孔安國傳；孔穎達等正義—［v.4-7］毛詩正義 / 毛公傳；鄭元箋；孔穎達等正義—［v.8-10］周禮注疏 / 鄭元注；賈公彥疏—［v.11-13］儀禮注疏 / 鄭元注；賈公彥疏—［v.14-19］禮記正義 / 鄭元注；孔穎達等正義—［v.20-25］春秋左傳正義 / 杜預注；孔穎達等正義—［v.26-27］春秋公羊傳注疏 / 何休注；徐彥疏—［v.28］春秋穀梁傳注疏 / 范甯注；楊士勛疏—［v.29］論語注疏 / 何晏等注；邢昺疏. 孝經注疏 / 唐元宗注；邢昺疏—［v.30］爾雅注疏 / 郭璞注；邢昺疏—［v.31-32］孟子注疏 / 趙岐注；孫奭疏. 十三經注疏校勘記識語 / 汪文臺撰。

書類
Shu lei

PL2465. N5

書經六卷

Shu jing 6 juan

（宋）蔡沈集傳

（Song）Cai Shen ji zhuan

［中國］: 慎詒堂，［18××？］

［China］: Shen yi tang，［18××？］

Blockprint

4 volumes：ill.；25 cm

Incomplete：Juan 4–6 missing

9 行 17 字，小字雙行同，白口，左右雙邊，單黑魚尾，版心下題"慎詒堂"，上下兩欄。有內封面題"年新鐫，遵依一定字樣，較正點畫無訛，狀元尚書，姑蘇墨海堂藏板"。

XB118

書經增訂旁訓四卷

Shu jing zeng ding pang xun 4 juan

［中國］：留耕堂藏板，清末［1875–1911］

［China］：Liu geng tang cang ban, Qing mo［1875–1911］

Blockprint

2 volumes；24 cm

Library only has Vol.1：存二卷（一至二）

7行20字，間小字單行44字，白口，四周單邊，單黑魚尾。

詩類
Shi lei

XB132

詩經增訂旁訓四卷

Shi jing zeng ding pang xun 4 juan

［中國］：厚德堂梓，清末［1875–1911］

［China］：Hou de tang zi, Qing mo［1875–1911］

Blockprint

3 volumes；23 cm

7行20字，間小字單行44字，白口，四周單邊，單黑魚尾。

有內封面題"吳郡張氏重校，詩經讀本，厚德堂梓"。

禮類
Li lei

PL2467. R8 1862

禮記增訂旁訓六卷

Li ji zeng ding pang xun 6 juan

［中國］: 厚德堂梓，清嘉慶五年［1800］

［China］: Hou de tang zi, Qing Jiaqing 5 nian［1800］

Blockprint, impression［1911–1949］

Incomplete: Juan3–6 missing.

7行20字，間小字單行44字，白口，四周單邊，單黑魚尾。
內封面題"吳郡張氏重校，禮記讀本，厚德堂梓"。

經部

春秋類
Chun qiu lei

XB21

春秋

Chun qiu

［中國］: 教忠堂，清同治十年［1871］

［China］: Jiao zhong tang, Qing Tongzhi 10 nian［1871］

Blockprint

2 volumes（on double leaves）; 29 cm

9行15字，白口，四周單邊，單黑魚尾，上下兩欄，版心
下題"教忠堂"。有內封面題"同治辛未重栞，春秋，陳璞題"。

四書類
Si shu lei

PL2471. C47

論語集註十卷

Lun yu ji zhu 10 juan

（宋）朱熹撰

（Song）Zhu Xi zhuan

［中國］: 文正堂，［18××？］

［China］: Wen zheng tang，［18××？］

Blockprint

10 volumes；25 cm

9 行 17 字，小字雙行同，白口，左右雙邊，單黑魚尾，版心下題"文正堂"，上下兩欄。

XB133

孟子七卷

Mengzi 7 juan

（宋）朱熹集注

（Song）Zhu Xi ji zhu

［中國］: 文正堂，清末［1875–1911］

［China］: Wen zheng tang，Qing mo［1875–1911］

Blockprint

3 volumes；25 cm

9 行 17 字，白口，左右雙邊，單黑魚尾，上下兩欄，版心下鐫"文正堂"。

XB134

孟子七卷

Mengzi 7 juan

（宋）朱熹集注

（Song）Zhu Xi ji zhu

［中國］: 二酉室，清末［1875–1911］

[China]: Er you shi, Qing mo [1875–1911]

Blockprint

3 volumes; 25 cm

Library only has 1 volume

存二卷（一至二）

9 行 17 字，白口，左右雙邊，單黑魚尾，上下兩欄，版心下鑴 "二酉室"。

XB136

孟子

Mengzi

[China]: [s.n.], [18×× ?]

Blockprint

1 volume (76 leaves); 27 cm

Library has another copy

12 行 21 字，下黑口，左右雙邊，對黑魚尾。

XB73

中庸章句

Zhong yong zhang ju

（宋）朱熹注

(Song) Zhu Xi zhu

[上海]: 二酉室，清同治三年 [1864]

[Shanghai]: Er you shi, Qing Tongzhi 3 nian [1864]

Blockprint

1 volume; 23 cm

XB75

四書集註

Si shu ji zhu

（宋）朱熹撰

（song）Zhu Xi zhuan

［上海］: 掃葉山房，1908

［Shanghai］: Sao ye shan fang，1908

Lithoprint

6 volumes in 1 case: illustrations; 20 cm

［v.1］大學，中庸—［v.2-3］論語—［v.4-6］孟子

PL2463. C4

四書疏注撮言大全三十三卷

Si shu shu zhu cuo yan da quan 33 juan

（宋）朱熹章句；（清）胡蓉芝輯

（Song）Zhu Xi zhang ju；（Qing）Hu Rongzhi ji

［中國］: 經綸堂，清乾隆二十八年［1763］

［China］: Jing lun tang，Qing Qianlong 28 nian［1763］

Blockprint

18 volumes: ill.; 26 cm

9行36字，小字雙行同，白口，四周單邊，單黑魚尾，版心下題“經綸堂”。有內封面題“紀曉嵐先生鑒定，四書疏注撮言大全，經綸堂梓”。

PL2463. C4 1848

裹如堂四書集註十九卷

經部

Guo ru tang si shu ji zhu 19 juan

（宋）朱熹集注

（Song）Zhu Xi ji zhu

［中國］: 金谷園藏板，清道光二十八年［1848］

［China］: Jin gu yuan cang ban，Qing Daoguang 28 nian［1848］

Blockprint

5 volumes；22 cm

缺五卷: 孟子卷一至五

Incompleted: Mengzi juan 1-5 missing.

9行17字，小字雙行同，白口，四周單邊，單黑魚尾，版心下題"金谷園"。有內封面題"道光戊申年重鐫，較訂點畫無訛，壽經堂發兌，裏如堂四書集註，金谷園藏板"。

XB30

刻石堂較正監韻分章分節四書正文

Ke shi tang jiao zheng jian yun fen zhang fen jie si shu zheng wen

爾梁茹蓮司他泥緦喇浼校

［s.l.］: 刻石堂藏板，1824

［s.l.］: Ke shi tang cang ban，1824

Lithoprint

1 volume；24 cm

9行18字，無直格。有內封面題"甲申年石鐫，爾梁茹蓮小儒校，西講孟子，刻石堂藏板"。

XB101

新刻批點四書讀本十九卷

Xin ke pi dian Si shu du ben 19 juan

［中國］: 愷元堂，清道光七年［1827］

［China］: Kai yuan tang, Qing Daoguang 7 nian［1827］

Blockprint

朱墨套印本

Zhu mo tao yin ben

6 volumes in 1 case; 30 cm

9 行 17 字，白口，左右雙邊，單黑魚尾，無直格，版心下題 "愷元堂"。中庸章句朱熹序末題 "高氏家塾讀本，粵東羊城內藝芳齋刊刷"。

［v.1］大學章句: 1 卷·中庸章句: 1 卷 / 朱熹撰—［v.2-3］論語章句: 10 卷 / 朱熹撰—［v.4-6］孟子集註: 7 卷 / 朱熹撰。

群經總義類
Qun jing zong yi lei

XB97

經典釋文三十卷

Jing dian shi wen 30 juan

（唐）陸德明撰

（Tang）Lu Deming zhuan

［中國］: 通志堂，清康熙［1662-1722］

［China］: Tong zhi tang, Qing Kangxi［1662-1722］

Blockprint

2 volumes; 26 cm

11 行 17 字，小字雙行 24 字，白口，左右雙邊，順黑魚尾，版心下刻 "通志堂"。有內封面題 "徐健菴鑒定，經典釋文，通志堂藏板"。

小學類
Xiao xue lei

XB129

説文解字通釋四十卷，附校勘記三卷

Shuo wen jie zi tong shi 40 juan, fu jiao kan ji 3 juan

（漢）許慎撰；（五代南唐）徐鍇傳釋；（清）祁寯藻校勘

（Han）Xu Shen zhuan；（Wudai Nantang）Xu Kai zhuan shi；

（Qing）Qi Junzao jiao kan

［中國］：祁寯藻，清道光十九年［1839］

［China］: Qi Junzao, Qing Daoguang 19 nian［1839］

Blockprint

8 volumes（double leaves）; 28 cm

7 行字不等，小字雙行 22 字，細黑口，左右雙邊，單黑魚尾。有牌記題 "道光十九年依景宋鈔本重雕"。

PL1281. W33 1887

説文釋例二十卷，附補正

Shuo wen shi li 20 juan, fu bu zheng

（清）王筠撰

（Qing）Wang Yun zhuan

［上海］：積山書局石印，清光緒十二年［1886］

［Shanghai］: Ji shan shu ju shi yin, Qing Guangxu 12 nian［1886］

Lithoprint

6 volumes; 20 cm

PL1420. K3 1827

康熙字典

Kangxi zi dian

（清）張玉書等奉敕纂修

（Qing）Zhang Yushu［and others］feng chi zuan xiu

［中國］:［s.n.］, 清道光七年［1827］

［China］:［s.n.］, Qing Daoguang 7 nian［1827］

Blockprint, impression

32 volumes；18 cm

PL1420. K3 1882

康熙字典

Kangxi zi dian

（清）張玉書等奉敕纂修

（Qing）Zhang Yushu［and others］feng chi zuan xiu

［上海］: 點石齋, 清光緒八年［1882］

［Shanghai］: Dian shi zhai, Qing Guangxu 8 nian［1882］

Lithoprint

2 volumes；20 cm

有内封面題"光緒八年歲在壬午春三月上海點石齋第四次
縮印"。

XB153

康熙字典

Kangxi zi dian

（清）張玉書等奉敕纂修

（ Qing ）Zhang Yushu［ and others ］feng chi cuan xiu

［中國］:［ s.n.]，清道光七年［ 1827 ］

［ China]:［ s.n.], Qing Daoguang 7 nian［ 1827 ］

Blockprint

36 volumes; 18 cm

Library only has volume 26

存第 26 册: 申集中

8 行字不等, 小字雙行 24 字, 白口, 四周雙邊, 對黑魚尾,
無直格。版心題 "道光七年奉旨重刊"。

XB126

康熙字典撮要

Kangxi zi dian cuo yao

湛約翰著

Chalmers, John, author

［廣東］: 倫敦教會，清光緒四年［ 1878 ］

［ Guangdong ］: Lundun［ London ］jiao hui, Qing Guangxu
4 nian［ 1878 ］

Blockprint

3 volumes; 29 cm

13 行字不等, 白口, 四周雙邊, 單黑魚尾。

XB140

字彙十二卷，首一卷，末一卷，韻法直圖

Zi hui 12 juan, shou 1 juan, mo 1 juan, Yun fa zhi tu

（明）梅膺祚撰

（Ming）Mei Yingzuo zhuan

［中國］:［s.n.］，清末［1875–1911］

［China］:［s.n.］, Qing mo［1875–1911］

Blockprint

14 volumes；25 cm

Library only has 1 volume

存末一卷: 韻法直圖

8 行大小字不等，白口，左右雙邊，對白魚尾。

XB34

增補關西字彙十二集，首一卷，末一卷

Zeng bu guang xi zi hui 12 ji, shou 1 juan, mo 1 juan

［中國］: 正祖會賢堂梓，清末［1875–1911］

［China］: Zheng zu hui xian tang zi, Qing mo［1875–1911］

Blockprint

14 volumes；22 cm

8 行字不等，小字雙行 32 字，白口，四周單邊，無魚尾。

有內封面題 "長洲汪武曹鑒定，宣城梅誕生先生原本，增補關西字彙，正祖會賢堂梓"。

XB179

三合便覽

San he bian lan

（清）富俊撰

（Qing）Fujun zhuan

［北京］: 富氏，清乾隆五十七年［1792］

[Beijing]: Fushi, Qing Qianlong 57 nian [1792]

Blopckprint

12 volumes；28 cm

滿、漢、蒙古文合璧，8 行字不等，白口，四周雙邊，雙黑魚尾，無直格。版心上鐫書名，下鐫葉次。有內封面題"三合便覽，乾隆壬子年鐫，本宅藏板"。

XB182

一百條四卷

Yi bai tiao 4 juan

滿漢合璧

Man han he bi

[中國]: [s.n.]，清 [1644–1911]

[China]: [s.n.]，Qing [1644–1911]

Blopckprint

4 volumes；26 cm

PL1281. S43

藝文備覽一百二十卷

Yi wen bei lan 120 juan

（清）沙木集注

（Qing）Sha Mu ji zhu

[廣東]: [s.n.]，清嘉慶十一年 [1806]

[Guangdong]: [s.n.]，Qing Jiaqing 11 nian [1806]

Blockprint

40 volumes in 10 cases；30 cm

5 行字不等，小字雙行 24 字，黑口，四周雙邊，單黑魚尾。卷首陳嵩慶序稱"嘉慶丙寅，攜是書至粵，阿厚盦榷使見而異焉，爲開雕以永其傳"。

XB38

寄傲山房塾課新增幼學故事瓊林四卷

Ji'ao shanfang shu ke xin zeng You xue gushi qiong lin 4 juan

（明）程允升編

（Ming）Cheng Yunsheng bian

［中國］: 大地街右文堂藏板，清末［1875–1911］

［China］: Da di jie you wen tang cang ban, Qing mo［1875–1911］

Blockprint

10 行 26 字，小字雙行同，白口，左右雙邊，單黑魚尾，上下兩欄。有內封面題"霧閣鄒梧岡定，同文堂發兌，新增幼學故事瓊林，大地街右文堂藏板，校訂隻字無訛"。

XB138

寄傲山房塾課新增幼學故事瓊林四卷

Ji'ao shanfang shu ke xin zeng You xue gushi qiong lin 4 juan

（明）程允升編

（Ming）Cheng Yunsheng bian

［中國］: 三元堂藏板，清末［1875–1911］

［China］: San yuan tang cang ban, Qing mo［1875–1911］

Blockprint

10 行 26 字，小字雙行同，白口，左右雙邊，單黑魚尾，上下兩欄。

XB139

寄傲山房塾課新增幼學故事瓊林四卷

Ji'ao shanfang shu ke xin zeng You xue gushi qiong lin 4 juan

（明）程允升編

（Ming）Cheng Yunsheng bian

［中國］：寧城簡香齋藏板，清末［1875–1911］

［China］：Ningcheng jian xiang zhai cang ban，Qing mo
［1875–1911］

Blockprint

4 volumes：illustrations；24 cm

Library only has 3 volumes

存三卷：一至三

10 行 26 字，小字雙行同，白口，左右雙邊，單黑魚尾，上下兩欄，版心下鐫"簡香齋"。

AE17. P4

佩文韻府一百零六卷

Pei wen yun fu 106 juan

（清）聖祖［玄燁］敕撰，張玉書等奉敕撰

（Qing）Shengzu［Xuan ye］chi zhuan，Zhang Yushu［and
others］feng chi zhuan

韻府拾遺一百零六卷

Yun fu shi yi，106 juan

（清）汪灝等纂修

（Qing）Wang Hao［and others］zuan xiu

（清）嶺南潘氏海山仙館

（Qing）Lingnan Panshi hai shan xian guan

Blockprint

45 volumes；23 cm

12 行 25 字，白口、四周雙邊，單黑魚尾；有 "嶺南潘氏海山仙館藏板" 牌記。

［vol.1–39］佩文韻府，suppl.［vol.1–6］韻府拾遺。

PL1279. L48

詩韻含英十八卷

Shi yun han ying 18 juan

（清）劉文蔚輯

（Qing）Liu Wenwei ji

［蘇州］：金閶巽記藏板，清末［1875–1911］

［Suzhou］：Jin chang xun ji cang ban，Qing mo［1875–1911］

Blockprint

4 volumes；16 cm

8 行，大小字不等，白口，左右雙邊，單黑魚尾。有內封面題 "遵佩文齋定本，重訂詩韻含英，金閶巽記藏板"。

PL1279. Y8 1866

詩韻集成十卷

Shi yun ji cheng 10 juan

（清）余照輯

（Qing）Yu Zhao ji

［中國］：亦西齋藏板，清同治五年［1866］

［China］：Yi xi zhai cang ban，Qing Tongzhi 5 nian［1866］

Blockprint

4 volumes；19 cm.

9 行字不等，小字雙行 25 字，白口，四周單邊，無魚尾，上下兩欄。有内封面題"同治丙寅年鐫，謹遵佩文韻府，增訂詩韻集成，亦西齋藏板"。

PL1279. Y8 1903

詩韻集成十卷

Shi yun ji cheng 10 juan

（清）余照輯

（Qing）Yu Zhao ji

［涇縣］: 涇邑西城湯一正堂梓行，清光緒二十九年［1903］

［Jingxian］: Jing yi xi cheng tang yi zheng tang zi xing，Qing Guangxu 29 nian［1903］

Blockprint

2 volumes；11 cm

9 行，大小字不等，白口，四周雙邊，單黑魚尾，上下兩欄，有内封面題"謹遵佩文韻府，增訂銅版詩韻集成，一正齋藏版"。卷首有例言，稱"是編字數胥遵原本，茲用蠅頭細書，刊爲袖珍，以便舟車攜覽"。目録末題"涇邑西城湯一正堂梓行"。

XB33

正音撮要四卷

Zheng yin cuo yao 4 juan

（清）高静亭撰

（Qing）Gao Jingting zhuan

［中國］:學華齋，清道光十四年［1834］

［China］: Xue hua zhai, Qing Daoguang 14 nian［1834］

Blockprint

4 volumes（various pagings）; 18 cm

Vol. 3 wanting

9 行 18 字，白口，四周單邊，單黑魚尾。

XB148

正音撮要四卷

Zheng yin cuo yao 4 juan

（清）高静亭撰

（Qing）Gao Jingting zhuan

［China］: ［s.n.］,［18××?］

Blockprint

4 volumes; 18 cm

Library only has Volume 2–4

存三卷: 二至四

9 行 18 字，白口，四周單邊，單黑魚尾，上下兩欄。

XB63

彙集雅俗通十五音八卷

Huiji ya su tong shi wu yin 8 juan

［中國］: 文德堂，清咸豐十一年［1861］

［China］: Wendetang, Qing Xianfeng 11 nian［1861］

Blockprint

朱墨套印本

Zhu mo tao yin ben

8 volumes；16 cm

XB71

五方元音二卷，韻略一卷

Wu fang yuan yin 2 juan，Yun lue 1 juan

（清）樊騰鳳撰；年希堯增補

（Qing）Fan Tengfeng zhuan；Nian Xiyao zeng bu

[中國]：五雲樓梓行，清同治五年[1866]

[China]：Wu yun lou zi xing，Qing Tongzhi 5 nian[1866]

Blockprint

2 volumes；24 cm

9 行 20 字，小字雙行同，白口，左右雙邊，單黑魚尾。

XB100

戚林八音合訂

Qi lin ba yin he ding

（清）蔡士泮，陳他彙輯

（Qing）Cai Shipan；Chen Ta hui ji

[中國]：研經堂梓行，清道光十年[1830]

[China]：Yan jing tang zi xing，Qing Daoguang 10 nian[1830]

Blockprint

1 volume；22 cm

兩截版，上下欄 10 行字數不等，白口，四周單邊。

戚參軍八音字義便覽四卷 / 蔡士泮彙輯—太史林碧山先生珠玉同聲四卷 / 陳他彙輯。

史部
Shi bu

紀傳類
Ji zhuan lei

DS735. A2E68

二十四史

Er shi si shi

［湖北］：湖北書局集成彙印五省官書局刻本，清光緒五年［1879］

［Hubei］：Hubei shu ju ji cheng hui yin wu sheng guan shu ju ke ben，Qing Guangxu 5 nian［1879］

Blockprint

97 volumes；29 cm

［v.1–2］史記—［v.3–7］前漢書—［v.8–10］後漢書—［v.11–12］三國志—［v.13–16］晉書—［v.17–19］宋書—［v.20］南齊書—［v.21］梁書—［v.22］陳書—［v.23–26］魏書—［v.27］北齊書—［v.28–30］隋書—［v.31］周書—［v.32–34］南史—［v.35–38］北史—［v.39–46］舊唐書—［v.47–54］新唐書—［v.55–57］舊五代史—［v.58］五代史—［v.59–75］宋史—［v.76–77］遼史—［v.78–81］金史—［v.82–87］元史—［v.88–97］明史

DS735. A2S6 1882

史記一百三十卷

Shi ji 130 juan

（漢）司馬遷撰；（南朝宋）裴駰集解

（Han）Sima Qian zhuan；（Nanchao Song）Pei Yin ji jie

［上海］：點石齋，清光緒八年［1882］

Shanghai：Dian shi zhai，Qing Guangxu 8 nian［1882］

Lithoprint

4 volumes（double leaves）；19 cm

史部

編年類
Bian nian lei

DS913. T3

大東紀年五卷

Da dong ji nian 5 juan

［上海］：美華書館，1903

[Shanghai]：Mei hua shu guan，1903

Printed from movable type

5 volumes；25 cm

傳記類
Zhuan ji lei

DS725. L494

列女傳

Lie nü zhuan

（漢）劉向撰；（清）梁端校注

（Han）Liu Xiang zhuan；（Qing）Liang Duan jiao zhu

［上海］：廣益書局發行，清末民初［1877–1927］

［Shanghai］：Guang yi shu ju fa xing，Qing mo Min chu

［1877–1927］

Lithoprint

4 volumes（double leaves）in 1 case；20 cm

DS734. K83

聖賢像贊

Sheng xian xiang zan

［曲阜］：會文堂，清光緒四年［1878］

［Qufu］：Hui wen tang，Qing Guangxu 4 nian［1878］

Blockprint

6 volumes：illustrations；27 cm

［v.5–6］wanting

XB163

聖跡圖

Sheng ji tu

［中國］：孔憲蘭，清同治十三年［1874］

［China］：Kong Xianlan，Qing Tongzhi 13 nian［1874］

Blockprint

1 volume（53 leaves）：ill.；30 cm

行字不等，白口，四周單邊，單黑魚尾。

DS734. L48

尚友録二十二卷

Shang you lu 22 juan

（明）廖用賢編

（Ming）Liao Yongxian bian

[中國]: 浙蘭林天禄齋藏板, 清末 [1875-1911]

[China]: Zhe Lanlin tian lu zhai cang ban, Qing mo [1875-1911]

Blockprint

4 volumes; 24 cm

DS734. L48 1903

校正尚友録全集二十二卷

Jiao zheng Shang you lu quan ji 22 juan

（明）廖用賢編

（Ming）Liao Yongxian bian

[中國]: 通文書局, 清光緒二十九年 [1903]

[China]: Tong wen shu ju, Qing Guangxu 29 nian [1903]

Lithoprint

4 volumes; 15 cm

DS760.9. T65A4 1903

曾文正公家書十卷, 附大事記, 家訓, 榮哀録

Zeng Wenzheng gong jia shu 10 juan, Fu da shi ji, jia xun, rong ai lu

[上海]: 錦章書局, 清光緒二十九年 [1903]

[Shanghai]: Jin zhang shu ju, Qing Guangxu 29 nian [1903]

Lithoprint

6 volumes; 20 cm

史抄類

Shi chao lei

DS753. A2W8 1858

尺木堂綱鑑易知録九十二卷

Chi mu tang gang jian yi zhi lu 92 juan

（清）吳乘權，周之炯，周之燦輯

（Qing）Wu Chengquan, Zhou Zhijiong, Zhou Zhican ji

[羊城（廣州）]：五雲樓，清咸豐八年 [1858]

[Yangcheng（Guangzhou）]: Wu yun lou, Qing Xianfeng 8 nian [1858]

Blockprint

9 volumes；18 cm

9 行 20 字，白口，四周單邊，單黑魚尾，上下兩欄。內封面題 "綱鑑易知録，咸豐戊午新鐫，羊城五雲樓藏板，光華堂發兌"。

DS735. A2W8

尺木堂綱鑑易知録九十二卷，附御撰資治通鑑綱目三編二十卷

Chi mu tang gang jian yi zhi lu 92 juan, Fu yu zhuan zi zhi tong jian gang mu san bian 20 juan

（清）吳乘權，周之炯，周之燦輯

（Qing）Wu Chengquan, Zhou Zhijiong, Zhou Zhican ji

[中國]：[s.n.]，清咸豐五年 [1855]

[China]: [s.n.], Qing Xianfeng 5 nian [1855]

Blockprint

50 volumes；17 cm

Wanting：vol.1-2

9 行 20 字，小字雙行，白口，四周單邊，單黑魚尾。

DS753. W8

尺木堂明鑑易知録十五卷

Chi mu tang ming jian yi zhi lu 15 juan

（清）吳乘權，周之炯，周之燦輯

（Qing）Wu Chengquan，Zhou Zhijiong，Zhou Zhican ji

［羊城（廣州）］：五雲樓，清咸豐九年［1859］

［Yangcheng（Guangzhou）］：Wu yun lou，Qing Xianfeng 9 nian［1859］

Blockprint

2 volumes；18 cm

9 行 20 字，白口，四周單邊，單黑魚尾，上下兩欄。內封面題"咸豐己未羊城五雲樓新鐫板"，"吳大中丞鑒定，山陰吳楚材，周靜專，周星若同輯，明鑑易知録，光華堂發兑，五雲樓藏板"。

DS753. Y26

明史蕣要八卷

Ming shi lan yao 8 juan

（清）姚培謙，張景星撰

（Qing）Yao Peiqian，Zhang Jingxing zhuan

［中國］：飛鴻堂藏版，清乾隆二十四年［1759］

[China]: Fei hong tang cang ban, Qing Qianlong 24 nian [1759]

Blockprint

2 volumes；13 cm

7 行 16 字，白口，左右雙邊，單黑魚尾。

地理類

Di li lei

DS709. W3

小方壺齋輿地叢鈔十二帙一千二百種

Xiao fang hu zhai yu di cong chao12 zhi 1200 zhong

（清）王錫祺輯

（Qing）Wang Xiqi ji

[上海]: 著易堂，清光緒三至二十三年 [1877–1897]

[Shanghai]: Zhu yi tang, Qing Guangxu 3–23 nian [1877–1897]

Printed from movable type

12 volumes

版心題 "南清河王氏鑄版，上海著易堂印行"。

DS793. S5S46

陝西通志一百卷

Shanxi tong zhi 100 juan

（清）沈青崖等編

（Qing）Shen Qingya [and others] bian

[中國]: [s.n.]，清雍正十三年 [1735]

[China]: [s.n.], Qing Yongzheng 13 nian [1735]

Blockprint

100 volumes in 10 cases：illustrations，maps；30 cm

Volume 16 wanting

12 行 26 字，白口，四周雙邊，單黑魚尾。

DS793. F8F79

福建通志二百七十八卷，卷首繪圖六卷，附續採列女志

Fujian tong zhi 278 juan，juan shou hui tu 6 juan，Fu Xu cai lie nü zhi

［中國］：正誼書院藏板，清同治七年［1868］

［China］：Zheng yi shu yuan cang ban，Qing Tongzhi 7 nian［1868］

Blockprint

40 volumes：illustrations，maps；28 cm

11 行 27 字，白口，四周雙邊，單黑魚尾。

DS708. L8

廣輿記二十四卷

Guang yu ji 24 juan

（明）陸應陽輯

（Ming）Lu Yingyang ji

［中國］：遺經堂藏板，清康熙［1662–1722］

［China］：Yi jing tang cang ban，Qing Kangxi［1662–1722］

Blockprint

10 volumes：maps；26 cm

10 行 19 字，小字雙行同，白口，左右雙邊，單黑魚尾。

G161. H782

瀛環志略十卷

Ying huan zhi lüe 10 juan

（清）徐繼畬撰

（Qing）Xu Jiyu zhuan

［中國］：［s.n.］，清道光二十八年［1848］

［China］：［s.n.］，Qing Daoguang 28 nian［1848］

Blockprint

6 volumes：maps.；30 cm

10 行 25 字，下黑口，左右雙邊，單黑魚尾。

DS707. S4 1897

山海經十八卷

Shan hai jing 18 juan

（晉）郭璞注；（清）畢沅校正

（Jin）Guo Pu zhu；（Qing）Bi Yuan jiao zheng

［中國］：文瑞樓據畢氏靈巖山館校印，清光緒二十三年［1897］

［China］：Wen rui lou ju bi shi ling yan shan guan jiao yin，

Qing Guangxu 23 nian［1897］

Printed from movable type

1 volume：illustrations；20 cm

DS707. S4

山海經注解十八卷

Shan hai jing zhu jie 18 juan

（明）吳中珩校訂

（Ming）Wu Zhongheng jiao ding

［中國］: 佛山舍人後街近文堂藏板，清末［1875–1911］

［China］: Foshan she ren hou jie jin wen tang cang ban，Qing mo［1875–1911］

Blockprint

2 volumes；17 cm

DS707. S4 1667

增補繪像山海經廣注五卷

Zeng bu hui xiang shan hai jing guang zhu 5 juan

（清）吴志伊注

（Qing）Wu Zhiyi zhu

［中國］: 佛山舍人後街近文堂藏板，清末［1875–1911］

［China］: Foshan she ren hou jie jin wen tang cang ban，Qing mo［1875–1911］

Blockprint

2 volumes；ill. 17 cm

DS796. F8W3

閩都記三十三卷

Min du ji 33 juan

（明）王應山輯

（Ming）Wang Yingshan ji

［中國］: 求放心齋藏板，清道光十一年［1831］

［China］: Qiu fang xin zhai cang ban，Qing Daoguang 11 nian［1831］

Blockprint

2 volumes in 1 case: maps; 24 cm

DS793. F8S48

閩雜記十二卷

Min za ji 12 juan

（清）施鴻保輯

（Qing）Shi Hongbao ji

［上海］: 申報館, 清光緒四年［1878］

［Shanghai］: Shen bao guan, Qing Guangxu 4 nian［1878］

Printed from movable type

1 volume; 17 cm

DS796. S86C4

説嵩三十二卷

Shuo song 32 juan

（清）景冬易撰

（Qing）Jing Dongyang zhuan

［中國］: 嶽生堂, 清康熙五十五至六十一年［1716-1722］

［China］: Yue sheng tang, Qing Kangxi 55-61 nian［1716-1722］

Blockprint

4 volumes; 25 cm

存十三卷: 一至十三

juan 1-13

11 行 25 字, 白口, 四周雙邊, 單黑魚尾。內封面鐫"嵩
厓景冬易, 嶽生堂, 嶽生堂"。康熙五十五年（1716）景冬易《自

序》言成書事。

DS793. K56H8

鼓山志十四卷

Gu shan zhi 14 juan

（清）黃任輯

（Qing）Huang Ren ji

［福建］: 鼓山寺，清乾隆二十六至六十年［1761–1795］

［Fujian］: Gu Shansi, Qing Qian long 26-60 nian［1761-1795］

Blockprint，Reprint［1911–1949］

6 volumes：ill.；27 cm

9 行 20 字，白口，四周雙邊，單黑魚尾。

政書類
Zheng shu lei

DS735. A2H83

皇朝通典一百卷，皇朝通志一百二十六卷，皇朝文献通考三百卷

Huang chao tong dian 100 juan，Huang chao tong zhi 126 juan，Huang chao wen xian tong kao 300 juan

（清）高宗［弘曆］敕撰

（Qing）Gaozong［Hong li］chi zhuan

［杭州］: 浙江書局，清光緒八年［1882］

［Hangzhou］: Zhejiang shu ju，Qing Guangxu 8 nian［1882］

Blockprint

36 volumes；29 cm

［Vol.1–6］皇朝通典—［vol. 7–12］皇朝通志—［vol.13–36］皇朝文獻通考

XB161

欽定大清會典圖一百三十二卷，欽定大清會典事例一千二百二十卷

Qin ding da Qing hui dian tu 132 juan，Qin ding da Qing hui dian shi li 1220 juan

（清）托津等奉敕撰

（Qing）Tuojin［and others］feng chi zhuan

（清）崑岡等奉敕撰

（Qing）Kungang［and others］feng chi zhuan

［中國］:［s.n.］，清光緒［1875–1908］

［China］:［s.n.］, Qing Guangxu［1875–1908］

Lithoprint

13 volumes；30 cm

Library only has 13 volumes juan

存三十六卷：九十一至一百零三、四百四十七至四百四十九、四百八十五至四百九十、五百四十八至五百四十九、六百七十一至六百七十四、七百九十六至七百九十九、八百九十六至八百九十九

10行20字，白口，四周雙邊，單黑魚尾。

DS764. T3

例學新編十六卷

Li xue xinbian 16 juan

（清）楊士驤輯；汪鴻孫校

（Qing）Yang Shixiang ji, Wang Hongsun jiao

［上海］: 明溥书局, 1906

［Shanghai］: Mingpu shuju, 1906

Lithoprint

12 volumes in 1 case; 21 cm

目録類
Mu lu lei

AC149. S73C4

欽定四庫全書簡明目録二十卷

Qin ding Si ku quan shu jian ming mu lu 20 juan

（清）紀昀等撰

（Qing）Ji Yun［and others］zhuan

［China］:［s.n.］,［189×？］

Blockprint

3 volumes; 19 cm

9 行 21 字，小字雙行同，白口，左右雙邊，無魚尾。

金石類
Jin shi lei

CJ3496. L47

古泉匯六十四卷

Gu quan hui 64 juan

（清）李佐賢撰

（Qing）Li Zuoxian zhuan

[利津]：李氏石泉書屋，清同治三年 [1864]

[Lijin]：Lishi shi quan shu wu, Qing Tongzhi 3 nian [1864]

Blockprint

16 volumes in 2 cases：illustrations；27 cm

XB108

欽定錢錄十六卷

Qinding qian lu 16 juan

（清）梁詩正等撰

(Qing)Liang Shizheng [and others] zhuan

[中國]：茹古室，清光緒五年 [1879]

[China]：Rugushi, Qing Guangxu 5 nian [1879]

Blockprint

4 volumes in 1 case：ill.；29 cm

11 行 23 字，黑口，四周單邊。

子部
Zi bu

總類
Zong lei

PL2450. T87

子書二十八種

Zi shu er shi ba zhong

[中國]：育文書局，清宣統三年 [1911]

[China]：Yu wen shu ju, Qing Xuantong 3 nian [1911]

Lithoprint

6 volumes；21 cm

［v.1］新書，列子，董子春秋繁露，韓非子，尉繚子，文子纘義，鬼谷子—［v.2］淮南子，黃帝內經靈樞，補注黃帝內經素問—［v.3］管子，荀子，呂氏春秋—［v.4］文中子中説，竹書紀年，尸子，墨子，揚子法言，商君書，鶡冠子—［v.5］孫子十家註，六韜，吳子，山海經，關尹子—［v.6］老子道德經，孔子集語，莊子，晏子春秋

PL2461. Z6P3

百子全書

Bai zi quan shu

［湖北］: 崇文書局，清光緒元年［1875］

［Hubei］: Chong wen shu ju，Qing Guangxu yuan nian［1875］

Blockprint

100 volumes in 10 packets（double leaves）; 28 cm

孔子家語 10 卷 / 王肅撰—孔子集語 3 卷 / 薛據撰—荀子 2 卷 / 荀況撰—孔叢子 2 卷 / 孔鮒撰—新語 2 卷 / 陸賈撰—忠經 1 卷 / 馬融撰—新書 10 卷 / 賈誼撰—鹽鐵論 2 卷 / 桓寬撰—新序 10 卷 / 劉向撰—説苑 20 卷 / 劉向撰—法言 1 卷 / 揚雄撰—方言 13 卷 / 揚雄撰—潛夫論 10 卷 / 王符撰—申鑒 5 卷 / 荀悦撰—中論 2 卷 / 徐幹撰—傅子 1 卷 / 傅玄撰—文中子 1 卷 / 王通撰—續孟子 2 卷 / 林慎思撰—伸蒙子 3 卷 / 林慎思撰—素履子 3 卷 / 張弧撰—胡子知言 6 卷 / 胡宏撰—薛子道論 3 卷 / 薛瑄撰—海樵子 1 卷 / 王崇慶撰—握奇經 1 卷 / 風后撰—六韜 3 卷 / 太公望撰—孫子 3 卷 / 孫武撰—吳子 2 卷 / 吳起撰—司馬法 1 卷

/ 司馬穰苴撰—尉繚子 2 卷 / 尉繚撰—素書 1 卷 / 黃石公撰—
心書 1 卷 / 諸葛亮撰—何博士備論 2 卷 / 何去非撰—李忠定輔
政本末 1 卷 / 李綱撰—管子 24 卷 / 管仲撰—燕子春秋 8 卷 / 晏
平仲撰—商子 5 卷 / 商鞅撰—鄧析子 1 卷 / 鄧析撰—尸子 2 卷
/ 尸佼撰—韓非子 20 卷 / 韓非撰—齊民要 10 卷 / 賈思勰撰—
太玄經 10 卷 / 揚雄撰—易林 4 卷 / 焦延壽撰—鷸子 1 卷 / 鷸熊
撰—計倪子 1 卷 / 計然撰—於陵子 1 卷 / 陳仲子撰—子華子 2 卷
/ 程本撰—墨子 16 卷 / 墨翟撰—尹文子 1 卷 / 尹文撰—慎子 1 卷
/ 慎到撰—公孫龍子 1 卷 / 公孫龍撰—鬼谷子 1 卷 / 周人—鶡冠
子 3 卷 / 楚人—呂氏春秋 26 卷 / 呂不韋撰—淮南子 21 卷 / 劉安
撰—金樓子 6 卷 / 梁元帝撰—劉子 2 卷 / 劉晝撰—顏氏家訓 2 卷
/ 顏之推撰—獨斷 1 卷 / 蔡邕撰—論衡 30 卷 / 王充撰—白虎通 4
卷 / 班固撰—風俗通 10 卷 / 應劭撰—牟子 1 卷 / 牟融撰—古今
注 3 卷 / 崔豹撰—聲隅子 2 卷 / 黃晞撰—懶真子 5 卷 / 馬永撰—
成子解 1 卷 / 蘇軾撰—叔苴子 8 卷 / 莊元臣撰—郁離子 1 卷 / 劉
基撰—空同子 1 卷 / 李夢陽撰—海沂子 5 卷 / 王文祿撰—燕丹子
3 卷 / 太子丹撰—玉泉子 1 卷 / 無名氏—金華子 2 卷 / 劉崇遠撰—
山海經注 18 卷 / 郭璞撰—山海經圖讚 1 卷 / 郭璞撰—山海經補
註 1 卷 / 楊慎撰—神異經 1 卷 / 東方朔撰—海內十洲記 1 卷 / 東
方朔撰—洞冥記 4 卷 / 郭憲撰—穆天子傳 6 卷 / 郭璞撰—拾遺記
10 卷 / 王嘉撰—搜神記 20 卷 / 干寶撰—搜神後記 10 卷 / 陶潛
撰—博物志 10 卷 / 張華撰—續博物志 10 卷 / 李石撰—述異記
2 卷 / 任昉撰—陰符經注 1 卷 / 張良撰—關尹子 1 卷 / 尹喜撰—
老子道德經注 2 卷 / 王弼撰—道德真經注 4 卷 / 吳澄撰—莊子
3 卷 / 莊周撰—莊子闕誤 1 卷 / 楊慎撰—列子 2 卷 / 列禦寇撰—
抱朴子 8 卷 / 葛洪撰—亢倉子 1 卷 / 庚桑楚撰—元真子 1 卷 /

張志和撰—天隱子 1 卷 / 無名氏—無能子 3 卷 / 無名氏—胎息經 1 卷 / 王文祿撰—至游子 2 卷 / 無名氏

儒家類
Ru jia lei

XB50

聖門禮誌一卷，聖门樂誌一卷

Sheng men li zhi 1 juan, Sheng men yue zhi 1 juan

（清）孔令貽彙輯

（Qing）Kong Lingyi hui ji

［中國］: 闕里硯寬亭，清光緒十三年［1887］

［China］: Que li yan kuan ting, Qing Guangxu 13 nian［1887］

Blockprint

2 volumes: illustrations; 27 cm

10 行 22 字，白口，四周單邊，單黑魚尾。

兵家類
Bing jia lei

U101.C44

練兵實紀九卷，雜集六卷

Lian bing shi ji 9 juan, Za ji 6 juan

（明）戚繼光撰

（Ming）Qi Jiguang zhuan

［北京］: 琉璃廠，［18××?］

［Beijing］: Liu li chang,［18××?］

Printed from movable type

6 volumes: illustrations; 25 cm

XB131

紀效新書十八卷，首一卷

Ji xiao xin shu 18 juan, shou 1 juan

（明）戚繼光撰

（Ming）Qi Jiguang zhuan

［中國］: 虎林西泉氏，清道光二十一年［1841］

［China］: Hulin Xiquan shi, Qing Daoguang 21 nian［1841］

Blockprint

8 volumes: ill.; 25 cm

8 行 21 字，左右雙邊，白口，單黑魚尾。牌記題"道光
二十有一年歲次辛丑冬十月虎林西泉氏校刊"。

農家類
Nong jia lei

SF951. Y86

元亨療馬集四卷，元亨療牛集二卷

yuan heng liao ma ji 4 juan, Yuan heng liao niu ji 2 juan

（明）喻本元，喻本亨編集；（清）袁希濂校

（Ming）Yu Benyuan, Yu Benheng bian ji;（Qing）Yuan
Xilian jiao

［中國］: 書林萬選堂，清末［1875–1911］

［China］: Shu lin wan Xuan Tang, Qing mo［1875–1911］

Blockprint

5 volumes; 25 cm

14 行 24 字，白口，四周單邊，單黑魚尾。有內封面題"元亨療牛集，六安州喻本亨，喻本元編定，後附駝經，書林萬選堂梓行"。

醫家類
YI jia lei

RS180. C5L45 1826

本草綱目五十二卷

Ben cao gang mu 52 juan

（明）李時珍撰；張雲中重訂

（Ming）Li Shizhen zhuan；Zhang Yunzhong chong ding

［中國］:［s.n.］，清道光六年［1826］

［China］:［s.n.］, Qing Daoguang 6 nian［1826］

Blockprint

10 volumes，: ill.；27 cm

RS180. C5W29

本草備要

Ben cao bei yao

（明）汪昂撰

（Ming）Wang Ang zhuan

［中國］: 寶善堂藏板，清咸豐四年［1854］

［China］: Bao shan tang cang ban, Qing Xianfeng 4 nian［1854］

Blockprint

Library has vol.1 only

36 leaves；25 cm

天文算法類
Tian wen li fa lei

XB66

大清光緒三十一年歲次乙巳時憲書

Da Qing Guangxu san shi yi nian sui ci yi si shi xian shu

［中國］：欽天監，清光緒三十一年［1905］

［China］：Qin tian jian, Qing Guangxu 31 nian［1905］

Blockprint

1 volume；25 cm

9 行 35 字，黑口，四周雙邊，對黑魚尾。書衣題"欽天監欽遵御製數理精蘊印造時憲書頒行天下"。

術數類
Shu shu lei

PL2464. Z6H8

太玄集注四卷

Tai xuan ji zhu 4 juan

（漢）揚雄撰；（清）許瀚注

（Han）Yang Xiong zhuan；（Qing）Xu Han zhu

［中國］：青棠書屋，鵝溪孫氏藏板，清道光十一年［1831］

［China］：Qing tang shu wu, e xi sun shi cang ban, Qing Daoguang 11 nian［1831］

Blockprint

4 volumes；28 cm

10 行 20 字，小字雙行同，黑口，四周雙邊，雙黑魚尾，版心下題"青棠書屋影鈔宋本"。有內封面題"道光辛卯，太玄集註，鵝溪孫氏藏板"。

藝術類
Yi shu lei

XB47

中外戲法圖說十二卷

Zhong wai xi fa tu shuo 12 juan

［上海］: 上海書局，清光緒三十二年［1906］

［Shanghai］: Shanghai shu ju, Qing Guangxu 32 nian［1906］

Lithoprint

6 volumes: ill.; 14 cm

雜家類
Za jia lei

XB89

新刻全本明心正文

Xin ke quan ben Ming xin zheng wen

（明）范立本輯

（Ming）Fan Liben ji

［中國］: 近文堂，［18×× ?］

［China］: Jin wen tang，［18×× ?］

Blockprint

1 volume（51 leaves）; 25 cm

9 行 21 字，白口，左右雙邊，單黑魚尾，版心上鐫"明心"，下題"近文堂"。內封面鐫"審音辨畫校訂無訛遵依康熙字典近文堂明心寶鑑"。

子部

XB65

人譜一卷，類記二卷

Ren pu 1 juan，lei ji 2 juan

（明）劉宗周撰

（Ming）Liu Zongzhou zhuan

［中國］：蕺山書院藏板，清同治七年［1868］

［China］：Ji shan shu yuan cang ban，Qing Tongzhi 7 nian
［1868］

Blockprint

2 volumes；25 cm

10 行 20 字，黑口，左右雙邊，無魚尾。

XB130

智囊補二十八卷

Zhi nang bu 28 juan

（明）馮夢龍輯

（Ming）Feng Menglong ji

［中國］：太平街維經堂藏版，清末［1875–1911］

［China］：Tai ping jie wei jing tang cang ban，Qing mo
［1875–1911］

Blockprint

28 volumes；17 cm

Library only has 12 volumes

存十二卷：一至十二

11 行 20 字，白口，四周單邊，單黑魚尾，無直格。

XB36

墨娥小録

Mo e xiao lu

［中國］：學圃山農，清乾隆三十二年［1767］

［China］: Xuepushannong, Qing Qianlong 32 nian［1767］

Blockprint

1 volume；14 cm

6 行 13 字，白口，四周單邊，單黑魚尾。正文卷端題"學圃山農校刊"，封面鐫"乾隆丁亥年鐫"，"杏香堂珍玩"。

PL2705. I17Y83 1888

閲微草堂筆記二十四卷

Yue wei cao tang bi ji 24 juan

（清）紀昀撰

（Qing）Ji Yun zhuan

［中國］：點石齋，清光緒十四年［1888］

［China］: Dian shi zhai，Qing Guangxu 14 nian［1888］

Lithoprint

2 volumes；20 cm

XB35

知味軒稟言六卷，知味軒故事四卷

Zhi wei xuan bing yan 6 juan, Zhi wei xuan gu shi 4 juan

（清）陳毓靈撰

（Qing）Chen Yuling zhuan

［中國］: 清德堂藏板，清道光八年［1828］

［China］: Qing de tang cang ban, Qing Daoguang 8 nian［1828］

Blockprint

10 volumes；16 cm

9 行 22 字，白口，四周單邊，單黑魚尾，無直格。

XB83

辯道錄

Bian dao lu

霍西懶吾氏著

［Huoxilanwushi］, author

［中國］: 燕南青陽山人寇五氏募重刊, 清光緒二十五年［1899］

［China］: Yan nan qing yang shan ren Kou Wushi mu chong kan, Qing Guangxu 25 nian［1899］

Blockprint

1 volume（28 leaves）; 24 cm

8 行 20 字，白口，四周雙邊，單黑魚尾。

XB152

時藝引時藝辨時藝核時藝課

Shi yi yin. Shi yi bian. Shi yi he. Shi yi ke

路德編輯

［Luther Martin?］, editor

［China］: ［s.n.］, ［18××?］

Blockprint

8 volumes; 23 cm

Library only has volume 2

存時藝引第二

9 行 25 字, 白口, 四周單邊, 單黑魚尾, 無直格。

XB99

異端總論

Yi duan zong lun

[中國]: [s.n.], 清道光二十五年 [1845]

[China]: [s.n.], Qing Daoguang 25 nian [1845]

Blockprint

1 volume (52 leaves); 21 cm

8 行 25 字, 白口, 四周雙邊, 單黑魚尾, 無直格。

HV5816. C63

指迷編: 勸誡鴉片附方

Zhi mibian: Quan jie ya pian fu fang

Robert, Henry Cobbold, author

福州: 太平街福音堂印, 清同治八年 [1869]

Fuzhou: Tai ping jie fu yin tang yin, Qing Tongzhi 8 nian [1869]

Printed from movable type

8 leaves; 18 cm

HV5816. T73

勸戒鴉片良言

Quan jie ya pian liang yan

[China]: [s.n.], [18×× ?]

Blockprint

1 volume (4 leaves); 26 cm

小説家類
Xiao shuo jia lei

BL1900. K59

繪圖歷代神仙傳

Hui tu li dai shen xian zhuan

（晉）葛洪撰

（Jin）Ge Hong zhuan

［上海］: 埽葉山房，清宣統元年［1909］

［Shanghai］: Sao ye shan fang，Qing Xuantong yuan nian ［1909］

Lithoprint

8 volumes in one case: ill.; 21 cm.

PL2690. S3 1870

三國志演義十二卷一百二十回

San guo zhi yan yi 12 juan 120 hui

（明）羅貫中撰；（清）金人瑞評

（Ming）Luo Guanzhong zhuan；（Qing）Jin Renrui ping

［上海］: 遜記書莊石印，1870

［Shanghai］: Xun ji shu zhuang shi yin，1870

Lithoprint

12volumes: ill.; 19 cm

PL2698. F428 1883

繡像評點封神榜全傳十九卷，圖像一卷

Xiu xiang ping dian feng shen bang quan zhuan 19 juan, tu xiang 1 juan

（明）許仲琳編；鍾惺評

（Ming）Xu Zhonglin bian; Zhong Xing ping

［上海］: 掃葉山房，清光緒九 年［1883］

［Shanghai］: Sao ye shan fang, Qing Guangxu 9 nian［1883］

Blockprint

4 volumes: ill.; 25 cm

PL2698. F428 1908

繡像封神演義一百回

Xiu xiang feng shen yan yi 100 hui

（明）許仲琳撰；鍾惺評釋

（Ming）Xu Zhonglin zhuan; Zhong Xing ping shi

［上海］: 集成圖書公司，清光緒三十四年［1908］

［Shanghai］: Ji cheng tu shu gong si, Qing Guangxu 34 nian ［1908］

Printed from movable type

vol.10［91-100 hui］wanting

存九十回: 第一至九十回

10 volumes: ill.; 20 cm

PL2698. F428 1908A

繡像封神演義一百回

Xiu xiang feng shen yan yi 100 hui

（明）許仲琳撰；鍾惺評釋

（Ming）Xu Zhonglin zhuan; Zhong Xing ping shi

［上海］：集成圖書公司，清光緒三十四年［1908］

［Shanghai］：Ji cheng tu shu gong si, Qing Guangxu 34 nian ［1908］

Lithoprint

Vol.10 ［91–100 hui］wanting

10 volumes（on double leaves）：ill.；20 cm

DS748. H84

繡像西漢演義四卷一百回，繡像東漢演義二卷一百二十六回

Xiu xiang xi han yan yi 4 juan 100 hui, Xiu xiang dong han yan yi 2 juan 126 hui

［上海］：集成圖書局，清光緒三十一年［1905］

［Shanghai］：Ji cheng tu shu ju, Qing Guangxu 31 nian ［1905］

Lithoprint

6 volumes：ill.；20 cm

［vol.1–4］繡像西漢演義—［vol. 5–6］繡像東漢演義

XB141

俗話傾談二集二卷

Su hua qing tan er ji 2 juan

［中國］：羊城學院前聚德堂藏板，清同治九年［1870］

［China］：Yangcheng xue yuan qian ju de tang cang ban, Qing Tongzhi 9 nian ［1870］

Blockprint

2 volumes；18 cm

9行20字，白口，四周單邊，單黑魚尾，無直格。

［v.1］骨肉試真情，潑婦，生魂遊地獄，借火食煙—［v.2］好秀才，砒霜砕，茅寮訓子

類書類
Lei shu lei

XB41

榕郡名勝輯要三卷

Rongjun ming sheng ji yao 3 juan

（清）王紫華編

（Qing）Wang Zihua bian

［福建］: 福省華記號藏板，清道光七年［1827］

［Fujian］: Fu sheng hua ji hao cang ban，Qing Daoguang 7 nian［1827］

Blockprint

1 volume；24 cm

8行23字，白口，上下雙邊，無魚尾。有內封面題"道光丁亥夏鑴，鳳池山長趙鑒定，榕郡名勝輯要，福省華記號藏板，翻刻必究"。

XB42

雲林別墅纂輯酧世錦囊家禮纂要續編五卷，天下路程續編二卷，稱呼帖式續編三卷，對聯雋句續編五卷

Yun lin bie shu zuan ji shou shi jin nang jia li zuan yao xu bian 5 juan，Tian xia lu cheng xu bian 2 juan，Cheng hu tie shi xu bian 3 juan，Dui lian jun ju xu bian 5 juan

（清）鄒可庭，謝梅林輯

（Qing）Zou Keting, Xie Meilin ji

［中國］：雲林別墅藏板，清末［1875–1911］

［China］：Yun lin bie shu cang ban, Qing mo［1875–1911］

Blockprint

10 volumes；18 cm

9 行 17 字，白口，四周單邊，單黑魚尾，上下兩欄。

XB122

集新堂增訂帖式稱呼便覽

Ji xin tang zeng ding tie shi cheng hu bian lan

［中國］：集新堂藏板，清光緒六年［1880］

［China］：Ji xin tang cang ban, Qing Guangxu 6 nian［1880］

Blockprint

1 volume（30 leaves）；17 cm

10 行 20 字，白口，四周單邊，單黑魚尾，無直格。

XB76

江湖尺牘分韻撮要合集

Jiang hu chi du fen yun cuo yao he ji

（清）虞學圃，温岐石輯

（Qing）Yu Xuepu, Wen Qishi ji

［中國］：禪山文林閣藏板，清光緒六年［1880］

［China］：Chan shan wen lin ge cang ban, Qing Guangxu 6

nian ［1880］

Blockprint

分上下兩層，上層"尺牘輯要"13行13字；下層"分韻撮要字彙"9行8字，白口，四周雙邊，版心上題"尺牘"，下題"分韻撮要"，版心題"文林閣"。有內封面題"光緒庚辰年新鐫，吳郡虞學圃，武溪溫岐石仝輯，江湖尺牘分韻撮要合集，內附翰詩，禪山文林閣藏板"。

尺牘輯要四卷—分韻撮要字彙四集

XB146

江湖尺牘分韻撮要合集

Jiang hu chi du feng yun cuo yao he ji

（清）虞學圃，溫岐石輯

（Qing）Yu Xuepu，Wen Qishi ji

［中國］: 金谷園藏板，清同治元年［1862］

［China］: Jin gu yuan cang ban，Qing Tongzhi yuan nian ［1862］

Blockprint

6 volumes；18 cm

分上下兩層，上層"尺牘輯要"13行13字，下層"分韻撮要字彙"9行8字，白口，左右雙邊，單黑魚尾。版心上題"尺牘"，下題"分韻撮要"。有內封面題"同治元年新鐫，吳郡虞學圃，武溪溫岐石仝輯，江湖尺牘分韻撮要合集，內附翰詩，金谷園藏板"。

尺牘輯要四卷—分韻撮要字彙四集

XB147

江湖尺牘分韻撮要合集

Jiang hu chi du feng yun cuo yao he ji

（清）虞學圃，温岐石輯

（Qing）Yu, Xuepu, Wen Qishi ji

［中國］：右文堂藏板，清同治七年［1868］

［China］: You wen tang cang ban, Qing Tongzhi 7 nian［1868］

Blockprint

2 volumes；17 cm

Library only has Volume 1

存二卷：一至二

分上下兩層，上層"尺牘輯要"13行13字，下層"分韻撮要字彙"9行8字，白口，左右雙邊，單黑魚尾。版心上題"尺牘"，下題"分韻撮要"。有內封面題"同治戊辰年新鐫，吳郡虞學圃，武溪温岐石全輯，江湖尺牘分韻撮要合集，內附輓詩，右文堂藏板"。

尺牘輯要四卷—分韻撮要字彙四集

XB93

普通尺牘全璧八卷

Pu tong chi du quan bi 8 juan

［清］西湖俠漢撰

［Qing］Xihu xia han zhuan

［漢口］：六藝書局，清宣統元年［1909］

［Hankou］: Liu yi shu ju, Qing Xuantong yuan nian［1909］

Lithoprint

8 volumes；21 cm

XB124

初學指南尺牘全集二卷

Chu xue zhi nan chi du quan ji 2 juan

（清）丁拱辰輯

（Qing）Ding Gongchen ji

［中國］：雙門底古經閣藏板，清咸豐十一年［1861］

［China］：Shuang men di gu jing ge cang ban，Qing Xianfeng 11 nian［1861］

Blockprint

1 volume；18 cm

8 行 20 字，白口，左右雙邊，單黑魚尾。

XB144

詳註分類飲香尺牘時令集句四卷

Xiang zhu fen lei yin xiang chi du shi ling ji ju 4 juan

飲香居士輯；慵隱子注

Yinxiangjushi ji；Yongyinzi zhu

［中國］：翰選樓藏板，清咸豐六年［1856］

［China］：Han xuan lou cang ban，Qing Xianfeng 6 nian［1856］

Blockprint

2 volumes in 1 case；18 cm

10 行 23 字，白口，左右雙邊，單黑魚尾，無直格。

XB145

增補尺牘分韻撮要合集

Zeng bu chi du fen yun cuo yao he ji

（清）虞學圃，温岐石輯

（Qing）Yu Xuepu, Wen Qishi ji

［中國］：上洋文正堂藏板，清同治九年［1870］

［China］：Shang yang wen zheng tang cang ban，Qing Tongzhi 9 nian［1870］

Blockprint

3 volumes；18 cm

分上下兩層，上層"尺牘輯要"13行13字，下層"分韻撮要字彙"9行8字，白口，左右雙邊，單黑魚尾。版心上題"尺牘"，下題"分韻撮要"。有內封面題"同治庚午年新鐫，吳郡虞學圃，武溪温岐石仝輯，增補尺牘分韻撮要合集，內附輓詩，上洋文正堂藏板"。

尺牘輯要四卷—分韻撮要字彙四集

XB149

雲林別墅纂輯酬世錦囊書啓續編四卷

Yun lin bie shu zuan ji chou shi jin nang shu qi xu bian 4 juan

（清）鄒可庭，謝梅林輯

（Qing）Zou Keting, Xie Meilin ji

［China］：［s.n.］，［18××？］

Blockprint

4 volumes；18 cm

9行17字，白口，四周單邊，單黑魚尾，無直格。

XB77

故事尋源十卷

Gu shi xun yuan 10 juan

（明）程登吉撰；楊應象集注

（Ming）Cheng Dengji zhuan；Yang Yingxiang ji zhu

［中國］：文苑堂藏板，清末［1875–1911］

［China］：Wen yuan tang cang ban，Qing mo［1875–1911］

Blockprint

1 volume；23 cm

8 行 24 字，小字雙行同，白口，左右雙邊，單黑魚尾。

XB91

聲律啓蒙撮要二卷

Sheng lü qi meng cuo yao 2 juan

（清）車萬育撰

（Qing）Che Wanyu zhuan

［廣東］：李承綸重刊，清嘉慶六年［1801］

［Guangdong］：Li Chenglun chong kan，Qing Jiaqing 6 nian［1801］

Blockprint

1 volume（26 leaves）；18 cm

8 行 21 字，白口，左右雙邊，單黑魚尾。

XB92

詩韻珠璣五卷

Shi yun zhu ji 5 juan

（清）余照輯

（Qing）Yu Zhao ji

［China］：［s.n.］，［18××？］

Blockprint

5 volumes; 21 cm

9 行字不等，小字雙行 26 字，白口，四周單邊，單黑魚尾。

XB123

較正幼學須知成語考二卷

Jiao zheng you xue xu zhi cheng yu kao 2 juan

（明）邱瓊山撰

（Ming）Qiu Qiongshan zhuan

［China］:［s.n.］,［18××?］

Blockprint

1 volume（49 leaves）; 20 cm

9 行 22 字，白口，左右雙邊，對黑魚尾。

AE4.K8

欽定古今圖書集成一萬卷目録四十卷考證二十四卷

Qin ding gu jin tu shu ji cheng 10000 juan mu lu 40 juan kao zheng 24 juan

（清）陳夢雷等奉敕撰；蔣廷錫重編

（Qing）Chen Menglei［and others］feng chi zhuan; Jiang Tingxi chong bian

［上海］: 圖書集成鉛版印書局，清光緒十年［1884］

［Shanghai］: Tu shu ji cheng qian ban yin shu ju, Qing Guangxu 10 nian［1884］

Printed from movable type

1628 volumes in 589 cases: illustrations; 20 cm

〔v.1–104〕曆象彙編—〔v.1–24〕乾象典—〔v.25–44〕歲功典—〔v.45–72〕曆法典—〔v.73–104〕庶徵典—〔v.105–424〕方輿彙編—〔v.105–130〕坤輿典—〔v.131–350〕職方典—〔v.351–400〕山川典—〔v.401–424〕邊裔典—〔v.425–824〕明倫彙編—〔v.425–474〕皇極典—〔v.475–496〕宮闈典—〔v.497–620〕官常典—〔v.621–640〕家範典—〔v.641–660〕交誼典—〔v.661–746〕氏族典—〔v.747–766〕人事典—〔v.767–824〕閨媛典—〔v.825–1114〕博物彙編—〔v.825–974〕藝典—〔v.975–1030〕神異典—〔v.1031–1038，1047–1062〕禽蟲典—〔v.1063–1114〕草木典—〔v.1115–1318〕理學彙編—〔v.1115–1198〕經籍典—〔v.1199–1248〕學行典—〔v.1249–1292〕文學典—〔v.1293–1318〕字學典—〔v.1319–1628〕經濟彙編—〔v.1319–1340〕選舉典—〔v.1341–1360〕銓衡典—〔v.1361–1420〕食貨典—〔v.1421–1478〕禮儀典—〔v.1479–1500〕樂律典—〔v.1501–1552〕戎政典—〔v.1553–1586〕祥□典—〔v.1587–1628〕考工典

叢書類

Cong shu lei

XB157

說郛

Shuo fu

（明）陶宗儀輯

（Ming）Tao Zongyi ji

〔中國〕：〔s.n.〕，清初〔1644–1722〕

〔China〕：〔s.n.〕，Qing chu〔1644–1722〕

Blockprint

volumes；25 cm

Library only has 1 volume

存八種：佛國記—神異經—拾遺名山記—海內十洲記—洞天福地記—別國洞冥記—西京雜記—南部煙花記

9 行 20 字，白口，左右雙邊，單白魚尾。

PL2451. L83

古今説海一百三十五種一百四十二卷

Gu jin shuo hai 135 zhong 142 juan

（明）陸楫輯

（Ming）Lu Ji ji

［中國］：邵松岩酉山堂重刊，清道光元年［1821］

［China］：Shao Songyan Youshan tang chong kan, Qing Daoguang yuan nian［1821］

Blockprint

20 volumes；26 cm

8 行 16 字，白口，左右雙邊，雙白魚尾，版心下題"儼山書院"，"松岩補刻"。目錄末題"道光元年筶涇邵氏西山堂重刊"。

北征録—北征後録—北征記—平夏録—江南別録—三楚新録—溪蠻叢笑—遼志—金志—蒙韃備録—北邊備對—桂海虞衡志—真臘風土記—北户録—西使記—北轅録—滇載記—星槎勝覽—靈應傳—洛神傳—夢遊録—吳保安傳—崑崙奴傳—鄭德璘傳—李章武傳—韋自東傳—趙合傳—杜子春傳—裴先傳—震澤龍女傳—袁氏傳—少室先姝傳—李林甫外傳—遼陽海神傳—

子部

蚍蜉傳—甘棠靈會録—顔濬傳—張無頗傳—板橋記—鄴侯外傳—洛京獵記—玉壺記—姚生傳—唐晅手記—獨孤穆傳—王恭伯傳—中山狼傳—崔煒傳—陸顒傳—潤玉傳—李衛公別傳—齊推女傳—魚服記—聶隱娘傳—袁天綱外傳—曾季衡傳—蔣子文傳—張遵言傳—侯元傳—同昌公主外傳—睦仁蒨傳—韋鮑二生傳—張令傳—李清傳—薛昭傳—王賈傳—烏將軍記—寶玉傳—柳參軍傳—人虎傳—馬自然傳—寶應録—白蛇記—巴西侯傳—柳歸舜傳—求心録—知命録—山莊夜恠録—五真記—小金傳—林靈素傳—海陵三仙傳—默記—宣政雜録—靖康朝野僉言—朝野遺紀—墨客揮犀—續墨客揮犀—聞見雜録—山房隨筆—諧史—昨夢録—三朝野史—鐵圍山叢談—孔氏雜説—瀟湘録—三水小牘—談藪—清尊録—睽車志—話腴—朝野僉載—古杭雜記—蒙齋筆談—文昌雜録—就日録—碧湖雜記—錢氏私誌—遂昌山樵雜録—高齋漫録—桐陰舊話—霏雪録—東園友聞—拊掌録—漢武故事—艮岳記—青溪寇軌—煬帝海山記—煬帝迷樓記—煬帝開河記—江行雜録—行營雜録—避暑漫抄—養痾漫筆—虛谷閑抄—蓼花洲閒録—樂府雜録—教坊記—北里誌—青樓集—雜纂—損齋備忘録—復辟録—靖難功臣録—備遺録

XB160

秘書廿一種

Mi shu nian yi zhong

（清）汪士漢輯

（Qing）Wang Shihan ji

［China］:［s. n.］,［18××？］

Blockprint

5 volumes; 19 cm

10 行 20 字，白口，左右雙邊，單黑魚尾。

拾遺記—白虎通—博物志—續博物志—劍俠傳—集異記—竹書紀年—中華古今注—古今注—三墳

PL2451. H3

漢魏叢書八十六種四百三十五卷

Han wei cong shu 86 zhong 435 juan

［中國］: 本衙藏版，清乾隆五十六年［1791］

［China］: Ben ya cang ban, Qing Qianlong 56 nian［1791］

Blockprint

33 volumes; 26 cm

9 行 20 字，白口，左右雙邊，單白魚尾。乾隆壬子陳蘭森序稱"金谿進士王君，躬際文明，博極群書"，"復取漢魏叢書，加輯爲八十六種，重付剞劂"。

［vol.1］焦氏易林 4 卷—［vol.2］易傳 3 卷，周易略例 1 卷，關氏易傳 1 卷，古三墳 1 卷—［vol.3］汲冢周書 10 卷，詩傳 1 卷，詩説 1 卷—［vol.4］韓詩外傳 10 卷，毛詩草木鳥兽虫魚疏 2 卷，大戴禮記 13 卷—［vol.5］春秋繁露 17 卷—［vol.6］白虎通 4 卷—［vol.7］獨斷 1 卷，忠經 1 卷，孝傳 1 卷，小爾雅 1 卷，方言 13 卷，博雅 10 卷—［vol.8］釋名 4 卷，竹書紀年 2 卷，穆天子傳 6 卷，越絶書 15 卷—［vol.9］吴越春秋 6 卷，西京雜記 6 卷，武帝内傳 1 卷，飛燕外傳 1 卷，雜事秘辛 1 卷，中志 1 卷—［vol.10］巴志 1 卷，蜀志 1 卷，南中志 1 卷，公孫述劉牧二志 1 卷，劉先主志 1 卷，劉後主志 1 卷，大同志 1 卷，李志 1 卷，

中士女志 1 卷，梓潼士女志 1 卷—［vol.11］西川後賢志 1 卷，序志 1 卷，序志後語 1 卷，江原常氏士女志 1 卷，十六國春秋 2 卷—［vol.12］元經薛氏傳 10 卷—［vol.13］群輔録 1 卷，英雄記抄 1 卷，高士傳 3 卷，蓮社高賢傳 1 卷，神仙傳 10 卷—［vol.14］孔叢 2 卷，詰墨 1 卷，新語 2 卷，新書 10 卷—［vol.15］新序 10 卷—［vol.16］説苑 20 卷—［vol.17-19］淮南鴻烈解 21 卷—［vol.20］盐鐵論 12 卷—［vol.21］法言 10 卷，申鑒 5 卷—［vol.22-24］論衡 30 卷—潛夫論 10 卷—［vol.25］中論 2 卷—中説 2 卷—［vol.26］風俗通义 10 卷，人物志 3 卷—［vol.27］新論 10 卷，顏氏家訓 2 卷—［vol.28］參同契 1 卷，阴符經 1 卷，風后握奇經 1 卷，素書 1 卷，心書 1 卷，古今注 3 卷，博物志 10 卷，文心雕龍 10 卷—［vol.29］詩品 3 卷，書品 1 卷，尤射 1 卷，拾遺記 10 卷—［vol.30］述異記 2 卷，續齊諧記 1 卷，搜神記 8 卷，搜神後記 2 卷，還冤記 1 卷，神異經 1 卷，十洲記 1 卷，洞冥記 1 卷—［vol.31］枕中書 1 卷，佛國記 1 卷，伽藍記 5 卷，三輔黃圖 6 卷—［vol.32］水經 2 卷，星經 2 卷，南方草木狀 3 卷，竹譜 1 卷，禽經 2 卷—［vol.33］古今刀劍録 1 卷，鼎禄 1 卷，天禄閣外史 8 卷。

子部

PL2451. W8

武英殿聚珍版書一百四十八種二千七百四十八卷

Wu ying dian ju zhen ban shu 148 zhong 2748 juan

［中國］: 福建布政使署藏板，清光緒二十一年［1895］

［China］: Fujian bu zheng shi shu cang ban, Qing Guangxu 21 nian［1895］

Blockprint

231 volumes；24 cm

9 行 21 字，白口，四周雙邊，單黑魚尾。

［vol.1］周易口訣 6 卷，易説 6 卷—［vol.2］吳園周易解 9 卷，易原 8 卷—［vol.3-4］郭氏傳家易説 11 卷—［vol.5-6］誠齋易傳 20 卷—［vol.7］易象意言 1 卷，易學濫觴 1 卷，易緯 12 卷—［vol.8］禹貢指南 4 卷—［vol.9-10］夏氏尚書詳解 26 卷—［vol.11］禹貢説斷 4 卷—［vol.12-14］尚書詳解 50 卷—［vol.15］融堂書解 20 卷—［vol.16-17］詩總聞 20 卷—［vol.18］續呂氏家塾讀詩記 3 卷，絜齋毛詩經筵講義 4 卷—［vol.19］儀禮識誤 3 卷—［vol.20-21］儀禮集解 30 卷，儀禮釋宮 1 卷—［vol.22］大戴禮記 13 卷—［vol.23-25］春秋釋例 15 卷—［vol.26］春秋集傳纂例 10 卷—［vol.27-28］春秋經解 15 卷—［vol.29］春秋辨疑 4 卷—［vol.30-31］春秋考 16 卷—［vol.32-33］春秋集註 40 卷—［vol.34］春秋繁露 17 卷—［vol.35］鄭志 3 卷—［vol.36-41］欽定詩經樂譜全書 30 卷—［vol.42］方言注 13 卷—［vol.43］兩漢刊誤補遺 10 卷—［vol.44］三國志辨誤 2 卷，五代史纂誤 3 卷，魏鄭公諫續録 2 卷，鄴中記 1 卷，蠻書 10 卷，嶺表録異 3 卷，河朔訪古記 3 卷—［vol.45］新唐書糾謬 20 卷—［vol.46］東觀漢記 24 卷—［vol.47-50］御選明臣奏議 40 卷—［vol.51］元朝明臣事略 15 卷—［vol.52］琉球國志略 16 卷—［vol.53-55］元和郡縣志 40 卷—［vol.56-57］元豐九域志 10 卷—［vol.58-59］輿地廣記 38 卷—［vol.60-63］水經注 40 卷—［vol，64-71］畿輔安瀾志 56 卷—［vol.72］麟臺故事 5 卷—［vol.73-80］唐會要 100 卷—［vol.81-82］五代會要 30 卷—［vol.83-84］宋朝事實 20 卷—［vol.85-88］

子部

建炎以來朝野雜記 20 卷—［vol.89-91］西漢會要 70 卷—［vol.92-94］東漢會要 40 卷—［vol，95-98］幸魯盛典 40 卷—［vol.99-101］直齋書錄解題 24 卷—［vol.102-126］欽定四庫書總目 192 卷—［vol.126A］欽定重刻淳化閣帖 10 卷，絳帖平 6 卷—［vol.127］唐史論斷 3 卷，唐書直筆 4 卷—［vol.128］傅子 5 卷，傅子 1 卷，帝範 4 卷，公是弟子記 4 卷—［vol.129］明本釋 3 卷，項氏家說 10 卷—［vol.130］農桑輯要 7 卷—［vol.131-132］農書 36 卷—［vol.133］蘇沈良方 8 卷，小兒藥證真訣 3 卷—［vol.134］九章算 9 卷，周髀算經 2 卷—［vol.135］孫子算經 3 卷，海島算經 1 卷，五曹算經 5 卷，夏侯陽算經 3 卷，五經算術 2 卷—［vol.136-137］寶真齋法書贊 28 卷—［vol.138］白虎通義 4 卷，鶡冠子 3 卷，墨法集要 1 卷，猗覺寮雜記 2 卷—［vol.139-140］能改齋漫錄 18 卷—［vol.141］學林 10 卷，雲谷雜記 4 卷—［vol.142］甕牖閑評 8 卷—［vol.143］考古質疑 6 卷，朝野類要 5 卷—［vol.144-161］欽定四庫書考證 100 卷—［vol.162］澗泉日記 3 卷，敬齋古今 8 卷，意林 6 卷—［vol.163-164］帝王經世圖譜 16 卷—［vol.165］涑水記聞 16 卷—［vol.166-167］唐語林 8 卷—［v.168］歸潛志 14 卷—［v.170］張燕公集 25 卷—［v.171］文忠集 16 卷—［v.172-173］小畜集 30 卷—［v.174-175］元憲集 14 卷，南陽集 6 卷—［v.176-179］景文集 62 卷—［v.180-181］文恭集 40 卷—［v.182-183］祠部集 35 卷—［v.185-186］華陽集 40 卷—［v.186A-188］公是集 54 卷—［v.189-190］彭城集 40 卷—［v.191-192］淨德集 38 卷—［v.193］忠肅集 20 卷—［v.194］山谷內集詩注 20 卷—［v.195］山谷外集詩注 14 卷—［v.196］山谷外

子部

集補 4 卷，別集 2 卷—［v.197］後山詩注 12 卷—［v.198-200］柯山集 50 卷，拾遺 12 卷—［v.201］陶山集 16 卷，學易集 8 卷—［v.202］西臺集 20 卷—［v.203］浮沚集 9 卷—［v.204］毘陵集 16 卷—［v.205-206］浮溪集 32 卷—［v.207］簡齋集 16 卷，茶山集 8 卷—［v.208］文定集 24 卷—［v.209］雪山集 16 卷—［v.210-215］攻媿集 112 卷—［v.216-217］淳熙稿 20 卷，章泉稿 5 卷，乾道稿 2 卷—［v.218］止堂集 18 卷—［v.219-220］絜齋集 24 卷—［v.221-222］南□甲乙稿 22 卷—［v.223］蒙齋集 20 卷—［v.224］恥堂存稿 8 卷—［v.225］拙軒集 6 卷，金淵集 6 卷—［v.226-227］牧庵集 36 卷—［v.228-230］御製詩文十全集 54 卷—［v.231］悅心集 5 卷，文苑英華辯證 10 卷，萬壽衢歌樂章 6 卷—［v.232］詩話 2 卷，歲寒堂詩話 2 卷，浩然齋雅談 3 卷，溪詩話 10 卷

XB158

武英殿聚珍版書一百四十八種二千七百四十八卷

Wu ying dian ju zhen ban shu 148 zhong 2748 juan

［中國］：福建布政使署藏板，清光緒二十一年［1895］

［China］：Fujian bu zheng shi shu cang ban, Qing Guangxu 21 nian［1895］

Blockprint

231 volumes；24 cm

Library only has 1 volume

存二種：

9 行 21 字，白口，四周雙邊，單黑魚尾。

老子道德經二卷 / 王弼注—文子纘義十二卷 / 杜道堅撰

釋家類
Shi jia lei

BQ1621. S52

大方廣佛華嚴經□□卷

Da fang guang fo hua yan jing □□ juan

（唐）實義難陀譯

（Tang）Shiyinantuo yi

［太倉州］: 方丈比丘如清，清末［1875–1911］

［Taicang zhou］: Fangzhang Biqiu Ruqing, Qing mo［1875–1911］

Blockprint

18 leaves: ill.; 35 cm

Library only has 1 volume

存一卷: 四十六

1 版 1 紙 6 個半葉，5 行 15 字，上下雙邊。

BQ1993. C48K8

金剛般若波羅蜜經一卷

Jingang bore boluomi jing 1 juan

（十六國）鳩摩羅什譯

（Shi liu guo）Jiumoluoshi yi

［閩中］: 念慈氏敬刊，清同治六年［1867］

［Minzhong］: Niancishi jing kan, Qing Tongzhi 6 nian［1867］

Blockprint

1 volume; 26 cm

子部

1 版 1 紙 5 個半葉，5 行 11 字。

BQ1997. C46

金剛經義疏

Jingangjing yi shu

（十六國）鳩摩羅什譯；（隋）吉藏撰疏

（Shi liu guo）Jiumoluoshi yi；（Sui）Jizang zhuan shu

［南京］：金陵刻經處，1917

［Nanjing］：Jinling ke jing chu，1917

Blockprint

2 volumes in 1 case；24 cm

10 行 20 字，白口，左右雙邊。

BQ2020 1915

佛説觀無量壽佛經附圖頌

Fo shuo guan wu liang shou fo jing fu tu song

（宋）釋姜良耶舍譯

（Song）Shi Jiangliangyeshe yi

［China］：［s.n.］，1915

Blockprint

1，2，77，4 leaves：illustrations；31 cm

9 行 18 字，白口，四周單邊，無魚尾，有"普陀錦泰號各省出板佛經流通"戳印。

BQ2123. C4

大佛頂［如來密因修證了義諸菩薩萬行］首楞嚴經十卷

Da fo ding［Rulai miyin xiuzhengliaoyi zhu Pusa wan xing］
shoulengyan jing, 10 juan

（唐）般剌密諦譯

（Tang）Bolamidi yi

［南京］: 金陵刻經處，清同治八年［1869］

［Nanjing］: Jinling ke jing chu, Qing Tongzhi 8 nian［1869］

Blockprint

2 volumes; 24 cm

Library has juan 1–5

BQ2125. C46

大佛頂首楞嚴經正脈疏四十卷

Da fo ding shoulengyan jing zheng mai shu, 40 juan

（唐）般剌密諦譯；彌伽釋迦語譯；房融筆受；真鑑述；福
登校

（Tang）Bolamidi yi; Mijiashijia yu yi; Fang Rong bi shou;
Zhen Jian shu; Fu Deng jiao

［南京］: 金陵刻經處，清光緒二十二年［1896］

［Nanjing］: Jinling ke jing chu, Qing Guangxu 22 nian［1896］

Blockprint

14 volumes in 2 cases; 24 cm

BQ2125. C462

首楞嚴經義海三十卷

Shoulengyan jing yi hai, 30 juan

（唐）般剌密諦譯經；彌伽釋迦語譯；房融筆授；懷迪證譯；

子璿集義疏注經並科；曉月標指要義；仁岳集解

（Tang）Bolamidi yi jing, Mijiashijia yu yi, Fang Rong bi shou, Huai di zheng yi, Zixuan ji yi shu zhu jing bing ke, Xiaoyue biao zhi yao yi, Renyue ji jie

［中國］：智睿恭募重鐫，清光緒二十六年［1900］

［China］：Zhirui gong mu chong juan, Qing Guangxu 26 nian ［1900］

Blockprint

2 volumes；27 cm

BQ2235. T87

圓覺經略疏二卷

Yuanjue jing lue shu, 2 juan

（唐）釋宗密述

（Tang）Shi Zongmi shu

［揚州］：藏經院存板，1904

［Yangzhou］：Cangjingyuan cun ban, 1904

Blockprint

2 volumes；25 cm

XB98

佛説梵網經一卷，梵網經菩薩戒一卷

Fo shuo Fan wang jing 1 juan, Fan wang jing Pusa jie 1 juan

（十六國）鳩摩羅什譯

（Shiliuguo）Jiumo luoshi yi

［中國］：板存杭城昭慶寺經房，清同治十年［1871］

［China］: Ban cun Hangcheng Zhao qing si jing fang，Qing Tongzhi 10 nian［1871］

Blockprint

1 volume；29 cm

10 行 20 字，四周雙邊。

XB110

梵網經菩薩戒

Fan wang jing Pusa jie

（十六國）鳩摩羅什譯

（Shiliuguo）Jiumo luoshi yi

［福州］: 比丘通材重梓，清咸豐四年［1854］

［Fuzhou］: Biqiu Tongcai chong zi，Qing Xianfeng 4 nian［1854］

Blockprint

1 volume；25 cm

8 行 15 字，白口，四周單邊，無魚尾，無直格。

XB112

四分戒本

Si fen jie ben

［China］:［s.n.］,［18××？］

Blockprint

1 volume（33 leaves）；26 cm

10 行 20 字，白口，四周單邊，單黑魚尾。

BQ1219. T3

大清重刻龍藏彙記

Da Qing chong ke long zang hui ji

［南京］: 金陵刻經處，清同治九年［1870］

［Nanjing］: Jinling ke jing chu, Qing Tongzhi 9 nian［1870］

Blockprint

120 leaves；25 cm

XB22

經律異相二卷

Jing lü yixiang 2 juan

（南朝梁）僧旻，寶唱等撰

（Nanchao Liang）Sengmin, Baochang［and others］zhuan

［中國］: 比丘成珍，雪參，能成全募重刊，清光緒十年
［1884］

［China］: Biqiuchengzhen, Xuecan, Neng Chengtong mu
chong kan, Qing Guangxu 10 nian［1884］

Blockprint

1 volume；29 cm

10 行 20 字，細黑口，四周雙邊，無魚尾。卷末題"光緒
拾年春月淨業弟子比丘成珍，雪參，能成全募重刊"。

XB26

大悲懺儀合節

Da bei chan yi he jie

［福建］: 莆邑象峰東林比丘通材重刊，清咸豐四年［1854］

〔Fujian〕: Puyi Xiangfeng Donglin Biqiu Tongcai chong kan，Qing Xianfeng 4 nian〔1854〕

Blockprint

1 volume；30 cm

1版1紙5個半葉，5行15字，小字雙行同，上下雙邊。卷末題"咸豐甲寅年季夏穀旦莆邑象峰東林比丘通材重刊，鼓山比丘淨空敬，大悲懺儀一部流通供養，願與法界眾生同圓種智，板藏鼓山湧泉禪寺"。

XB27

法界安立圖三卷

Fa jie an li tu 3 juan

（明）仁潮集錄

（Ming）Renchao ji lu

修習止觀坐禪法要一卷

Xiu xi zhi guan zuo chan fa yao 1 juan

（隋）智顗述

（Sui）Zhiyi shu

〔廣州〕：比丘默特等，佛弟子李普融等，清嘉慶二年〔1797〕

〔Guangzhou〕: Biqiu Mote，Fo di zi Li Purong〔and others〕，Qing Jiaqing 2 nian〔1797〕

Blockprint

1 volume：ill.；29 cm

10行20字，白口，四周單邊，無魚尾。卷末題"嘉慶二年文佛誕日重梓，板藏廣州海幢經坊流通"。

子部

XB159

沙彌律儀要略，毘尼日用切要，弘戒重集，比丘尼四分戒本

Shami lü yi yao lue，Pini ri yong qie yao，Hongjie chong ji，

Biqiuni si fen jie ben

（明）袾宏輯

（Ming）Zhuhong ji

[杭州]: 弘禮校刊，清末 [1875–1911]

[Hangzhou]: Hongli jiao kan, Qing mo [1875–1911]

Blockprint

1 volume；27 cm

合訂沙彌增注

bounded with another book

毘尼日用切要末題 "板存杭城昭慶寺慧空經房印造"。

XB85

性相通說

Xing xiang tong shuo

[南京]: 金陵刻經處，清同治十二年 [1873]

[Nanjing]: Jinling ke jing chu, Qing Tongzhi 12 nian [1873]

Blockprint

1 volume（32 leaves）; 24 cm

XB113

受戒問答

Shou jie wen da

[福建]: 鼓山藏板，[18××？]

［Fujian］: Gushan cang ban，［18××？］

Blockprint

1 volume（11 leaves）; 26 cm

8 行 24 字，白口，四周單邊，單黑魚尾。

XB55

襍用表文

Za yong biao wen

［中國］: 板存佛堂，1925

［China］: Ban cun fo tang，1925

Blockprint

1 volume; 26 cm

8 行 23 字，白口，四周雙邊，單黑魚尾。

XB127

百丈叢林清規證義記九卷

Bai zhang cong lin qing gui zheng yi ji 9 juan

（唐）懷海編;（清）儀潤證義

（Tang）Huaihai bian;（Qing）Yirun zheng yi

［杭州］: 普照和尚，清同治十年［1871］

［Hangzhou］: Puzhao he shang，Qing Tongzhi 10 nian［1871］

Blockprint

1 volume; 27 cm

10 行 20 字，下黑口，四周雙邊，單黑魚尾。

XB128

法界聖凡水陸普度大齋勝會儀軌會本六卷

Fa jie sheng fan shui lu pu du da zhai sheng hui yi gui hui ben 6 juan

（南朝梁）誌公大师［寶志］等撰

（Nanchao Liang）Zhigong da shi［Baozhi］［and others］zhuan

［杭州］: 敏曦謹募重刊, 清同治八年［1869］

［Hangzhou］: Minxi jin mu chong kan, Qing Tongzhi 8 nian ［1869］

Blockprint

1 volume; 27 cm

10 行 20 字, 下黑口, 四周雙邊, 單黑魚尾, 無直格。凡例末有牌記"大清同治八年桂月穀旦天台後裔敏曦謹募重刊, 板存杭州昭慶寺流通"。

XB109

海南一勺合編內函十卷, 外函三十二卷

Hainan yi shao he bian nei han 10 juan, wai han 32 juan

（清）鶴洞子纂輯

（Qing）He Dongzi zuan ji

［浙東］: 止水樓重鐫, 清光緒九年［1883］

［Zhedong］: Zhi shui lou chong juan, Qing Guangxu 9 nian ［1883］

Blockprint

2 volumes: ill.; 25 cm

10 行 24 字，白口，左右雙邊，單黑魚尾，無直格，版心下題"浙省重刊"。

XB170

中峰國師所傳繪像大悲本

Zhong feng guo shi suo chuan hui xiang da bei ben

［中國］：弟子婁［函］等發心捐資同刻，清嘉慶八年［1803］

［China］：Di zi Lou［Han］［and others］fa xin juan zi tong ke，Qing Jiaqing 8 nian［1803］

Blockprint

1 volume；24 cm

1 版 1 紙 25 行 15 字，小字雙行同，上下雙邊。有康熙二十一年［1682］大學士明珠室覺羅氏跋。

XB23

禪門日誦諸經

Chan men ri song zhu jing

［福建］：鼓山湧泉禪寺釋子能成募刊，清光緒十二年［1886］

［Fujian］：Gushan Yongquanchansi Shizi Nengcheng mu kan，Qing Guangxu 12 nian［1886］

Blockprint

1 volume；28 cm

10 行 20 字，白口，四周雙邊，單黑魚尾。有內封面題"大清光緒丙戌十二年春月吉旦，板存鼓山湧泉寺，禪門日誦諸經，福建鼓山湧泉禪寺釋子能成募刊"。

XB28

禪門日誦

Chan men ri song

［江蘇常州］: 孔清一，清宣統二年［1910］

［Jiangsu Changzhou］: Kong Qingyi, Qing Xuantong 2 nian ［1910］

Blockprint

1 volume；28 cm

10 行 20 字，白口，四周雙邊，單黑魚尾。卷末題"大清宣統二年四月佛誕日圓成胞弟孔清一校刊，江蘇常州府大南門外清涼禪寺藏板，曲阿北門外前石羊村孔繁雲寫刊"。

XB51

課誦日用

Ke song ri yong

［金陵］: 華寶山沙門福聚重梓，清末［1875–1911］

［Jinling］: Hua bao shan Shamen Fuju chong zi, Qing mo ［1875–1911］

Blockprint

1 volume；29 cm

8 行 19 字，下黑口，左右雙邊，單黑魚尾。

XB117

毘尼日用錄

Pini ri yong lu

［福建］: 鼓山比丘道宗翻刻，清康熙十年［1671］

［Fujian］: Gushan Biqiu Daozong fan ke，Qing Kangxi 10 nian［1671］

Blockprint

1 volume（42 leaves）; 25 cm

8行17字，白口，四周單邊，無魚尾。

XB96

註心賦四卷

Zhu xin fu 4 juan

（五代）釋延壽述

（Wudai）Shi Yanshou shu

［南京］: 金陵刻經處，清光緒三年［1877］

［Nanjing］: Jinling ke jing chu，Qing Guangxu 3 nian［1877］

Blockprint

1 volume; 24 cm

XB54

無垢子心經解諸經摘要

Wugouzi Xin jing jie zhu jing zhai yao

（明）無垢子［何道全］注

（Ming）Wugouzi［He Daoquan］zhu

［福州］: 安瀾館僧自得，清咸豐十年［1860］

［Fuzhou］: An lan guan seng Zide，Qing Xianfeng 10 nian［1860］

Blockprint

1 volume; 25 cm

7行13字，小字雙行26字，白口，左右雙邊，單黑魚尾。

有内封面題"咸豐庚申歲鐫，無垢子心經解諸經摘要，板藏福建福州府，城内侯官縣前施志寶刻坊，城外鹽倉前安瀾會館便是"。

子部

BQ1965. P64

摩訶般若波羅蜜多心經注

Moke bore boluomiduo xin jing zhu

（明）松溪道人無垢子［何道全］撰；（清）自然居士王士端校

（Ming）Song xi Dao ren Wugouzi［He Daoquan］zhuan;（Qing）Zi ran ju shi Wang Shiduan jiao

［北京］: 道人李樂元，1884

［Beijing］: Dao ren Li Leyuan，1884

Blockprint

50 leaves；30 cm

7行16字，小字雙行同，白口，四周雙邊，單黑魚尾内封面題"光緒甲申年鐫，校閱心經注，板存前門外南下凹龍泉寺"，卷末題"中華民國甲寅年五月初六日道人楊嘉年敬刊"。

XB29

金剛經川老注

Jin gang jing chuan lao zhu

［中國］: 比丘僧法雲，惟願敬募重刊，清光緒三十二年［1906］

［China］: Biqiu seng Fayun，Weiyuan jing mu chong kan，Qing Guangxu 32 nian［1906］

Blockprint

1 volume；25 cm

5 行 11 字，白口，四周雙邊，單黑魚尾。卷首川老注解金剛经前序，序末題 "光緒三十二年冬月吉日比丘僧法雲，惟願敬募重刊，板存古山"。

BQ1997. H83 1862

金剛經注講

Jingangjing zhu jiang

（清）釋行敏謹述

（Qing）Shi Xingmin jin shu

[漢鎮]: 鐵城光輝氏募刊，清同治元年 [1862]

[Hanzhen]: Tiecheng Guanghuishi mu kan，Qing Tongzhi yuan nian [1862]

Blockprint

82 leaves: ill.; 31 cm

6 行 12 字，小字 3 行 36 字，白口，四周單邊，對黑魚尾，內封面題 "板存漢鎮江漢關衙門下首卷內張述古便是"。

S255. K97

高王觀世音經

Gao wang Guan shi yin jing

[中國]: 省城學院前經堂藏板，[18×× ?]

[China]: Sheng cheng xue yuan qian jing tang cang ban，[18×× ?]

Blockprint

1 volume

書衣題 "板存學院前壁經堂書坊"。

XB102

高王觀世音經

Gao wang Guan shi yin jing

［廣州］: 板藏西湖街晉文堂，清咸豐二年［1852］

［Guangzhou］: Ban cang Xihu jie jin wen tang，Qing Xianfeng 2 nian［1852］

Blockprint

1 volume（14 leaves）: ill.; 23 cm

8 行 18 字，白口，左右雙邊，單黑魚尾，版心下題 "板藏西湖街晉文堂"。有內封面題 "咸豐壬子年刊，高王觀世音經，學院前文經堂存板"。

XB81

高王觀世音救苦真經

Gao wang Guanshiyin jiu ku zhen jing

［濟南］: 會文齋存板，清咸豐三年［1853］

［Jinan］: Hui wen zhai cun ban，Qing Xianfeng 3 nian［1853］

1 volume（13 leaves）: ill.; 17 cm

6 行 12 字，白口，四周單邊，單黑魚尾。

XB80

觀世音菩薩救苦真經

Guanshiyin Pusa jiu ku zhen jing

［中國］: 翰墨堂藏板，清光緒十三年［1887］

［China］: Han mo tang cang ban，Qing Guangxu 13 nian［1887］

Blockprint

1 volume（5 leaves）: ill.; 19 cm

XB60

觀音濟度本願真經二卷

Guan yin ji du ben yuan zhen jing 2 juan

［福建］: 板藏福省後街宮巷口吳玉田刻坊，清同治八年［1869］

［Fujian］: Ban cang Fusheng hou jie gong xiang kou Wu Yutian ke fang, Qing Tongzhi 8 nian［1869］

Blockprint

1 volume; 20 cm

9 行 23 字，黑口，四周單邊，單黑魚尾。

BQ5775. C5M8

目連救母

Mulian jiu mu

［上海］: 上海書局石印，清末民初［1877–1927］

［Shanghai］: Shanghai shu ju shi yin, Qing mo Min chu［1877–1927］

Lithoprint

17 leaves; 15 cm

XB57

釋迦如來應化事跡

Shijia Rulai ying hua shi ji

［中國］: 板存揚州藏經院流通，清光緒二十三年［1897］

［China］: Ban cun Yangzhou zang jing yuan liu tong, Qing Guangxu 23 nian［1897］

Lithoprint

4 volumes：ill.；26 cm

XB115

阿彌陀佛接引念佛善人往生西方

Emituofo jie yin nian fo shan ren wang sheng xi fang

［中國］: 惠果，達順捐資重刊，清道光二十三年［1843］

［China］: Huiguo，Dashun juan zi chong kan，Qing Daoguang 23 nian［1843］

Blockprint

1 page：ill.；60 cm

題"海幢寺藏板"。

道家類
Dao jia lei

BL1900. C48

莊子内篇注四卷

Zhuangzi nei pian zhu 4 juan

（東周）莊周撰；（明）釋憨山德清注

（Dongzhou）Zhuang Zhou zhuan；（Ming）Shi Hanshan Deqing zhu

［南京］: 金陵刻經處，清光緒十四年［1888］

［Nanjing］: Jinling ke jing chu，Qing Guangxu 14 nian ［1888］

Blockprint

2 volumes; 25 cm.

BL1900. T3L4

太上感應篇直講

Tai shang gan ying pian zhi jiang

［四川］蜀東涪州十四勿蘭陵氏，清道光二十五年［1845］

［Sichuan］Shudong Fou zhou shi si wu Lan ling shi，Qing Daoguang 25 nian［1845］

Blockprint

2 volumes; 27 cm.

BL1900. T3T8 1889

太上感應篇

Tai shang gan ying pian［Le livre des récompenses et des peines, avec commentaires et légendes］

Genève：Turrenttini；Paris：Ernest Leroux；Londres：Truübner and Co., 1889.

Printed from movable type

303 pages; 24 cm.

PL2476. W4

文昌孝經增注，純孝真君增訂

Wen chang xiao jing zeng zhu，Chun xiao zhen jun zeng ding

［湖北］: 王兆熊湖北儒林講舍清心堂, 1897

［Hubei］: Wang Zhaoxiong Hubei ru lin jiang she qing xin tang,

1897

Blockprint

1volume；27 cm

9 行 21 字，小字雙行同，白口，四周雙邊，對黑魚尾。

XB116

文帝孝經

Wendi xiao jing

［中國］：板存東街學會隔壁森寶書刻字鋪，清道光十三年［1833］

［China］：Ban cun dong jie xue hui ge bi sen ban shu ke zi pu，Qing Daoguang 13 nian［1833］

Blockprint

1 volume（11 leaves）；21 cm

9 行 20 字，白口，四周雙邊，單黑魚尾，無直格。

XB32

豁落火車王天君真經

Huo luo huo che wang tian jun zhen jing

［中國］：板藏東街太山巷口森寶書刻字鋪，清光緒二十三年［1897］

［China］：Ban cang dong jie tai shan xiang kou sen bao shu ke zi pu，Qing Guangxu 23 nian［1897］

Blockprint

1volume；25 cm

1 版 1 紙 5 個半葉，5 行 13 字，上下雙邊。卷末有牌記，

題 "信女米氏敬酬"。

XB53

三官大帝真經

San guan da di zhen jing

［中國］: 板存東街學會隔壁森寶書刻字鋪，清光緒十八年［1892］

［China］: Ban cun dong jie xue hui ge bi sen bao shu ke zi pu，Qing Guangxu18 nian［1892］

Blockprint

1 volume；26 cm

1 版 1 紙 5 個半葉，5 行 13 字，上下單邊。

XB56

玉樞贊化寶經

Yu shu zan hua bao jing

［中國］: 板藏學院前王友三刻坊，清光緒十九年［1893］

［China］: Ban cang xue yuan qian Wang Yousan ke fang，Qing Guangxu 19 nian［1893］

Blockprint

1 volume；26 cm

1 版 1 紙 5 個半葉，5 行 14 字，上下單邊。

XB58

北斗延壽真經

Bei dou yan shou zhen jing

［中國］:［s.n.］, 清末［1875–1911］

［China］:［s.n.］, Qing mo［1875–1911］

Blockprint

1 volume; 27 cm

1 版 1 紙 5 個半葉, 5 行 14 字。

XB59

豁落王靈官真經

Huo luo wang ling guan zhen jing

［福州］: 三山弟子鄭景陶, 林承恩募刊, 清同治三年［1864］

［Fuzhou］: San shan di zi Zheng Jingtao, Lin Cheng'en mu kan, Qing Tong zhi 3 nian［1864］

Blockprint

1 volume; 27 cm

1 版 1 紙 5 個半葉, 5 行 13 字, 上下雙邊。

XB64

東廚司命定福寶經

Dong chu si ming ding fu bao jing

［中國］: 板存東街臺山巷口森寶書刻字鋪, 清光緒二十三年［1897］

［China］: Ban cun dong jie tai shan xiang kou sen bao shu ke zi pu, Qing Guangxu 23 nian［1897］

Blockprint

1 volume; 26 cm

1 版 1 紙 5 個半葉, 5 行 14 字。

XB84

解劫經

Jie jie jing

［北京］: 瑞林齋存板，清光緒三十三年［1907］

［Beijing］: Rui lin zhai cun ban, Qing Guangxu 33 nian［1907］

Blockprint

1 volume（19 leaves）; 22 cm

7行16字，白口，四周雙邊，單黑魚尾，無直格。有內封面，題"光緒三十二年降出此經，板存北京前門外東荷包巷瑞林齋，解劫真經，光緒三十三年江西無名刻送伍百本，板在江西，宣統三年湖北黃梅縣無名刻送二百本"。

XB178

太陽太陰靈應真經

Tai yang tai yin ling ying zhen jing

［中國］: 板存東街學會隔壁森寶書刻字鋪，清光緒元年至三十四年［1875–1908］

［China］: Ban cun dong jie xue hui ge bi sen bao shu ke zi pu, Qing Guangxu yuan nian zhi 34 nian［1875–1908］

Blockprint

1 volume（4 leaves）; 23 cm

6行15字，白口，四周單邊，單黑魚尾，無直格。

XB40

太上慈凡度厄雷文寶懺十八卷

Tai shang ci fan du e lei wen bao chan 18 juan

［中國］:［s.n.］, 清末［1875–1911］

［China］:［s.n.］, Qing mo［1875–1911］

Manuscript

1 volume; 23 cm

7 行 22 字，無欄格。

XB39

玉曆

Yu li

［中國］: 葉廷亳，清咸豐三年［1853］

［China］: Ye Tinghao, Qing Xianfeng 3 nian［1853］

Blockprint

1 volume: ill.; 19 cm

9 行 24 字，白口，四周單邊，單黑魚尾，無直格。卷首有咸豐癸丑楊廷球序，稱 "檢舊書得善本，郵示葉君，葉君喜，屬重爲校之，隨付剞劂，以公同好"。

XB125

玉曆鈔傳警世

Yu li chao chuan jing shi

［中國］: 板藏福省南後街宮巷口吳玉田刻字鋪，清咸豐二年［1852］

［China］: Ban cang Fusheng nan hou jie gong xiang kou Wu Yutian ke zi pu, Qing Xianfeng 2 nian［1852］

Blockprint

1 volume; 22 cm

10 行 22 字，白口，左右雙邊，單黑魚尾。

XB78

玉曆鈔傳聖像

Yu li chao chuan sheng xiang

［中國］: 安徽信士方應祥重刊，清道光十五年［1835］

［China］: Anhui xin shi Fang Yingxiang chong kan，Qing Daoguang 15 nian［1835］

Blockprint

1 volume（16 leaves）: ill.; 22 cm

卷末題"各善信發心印送者，板藏福省侯官縣前施志寶刻坊"。

XB82

張天師秘傳符冊

Zhang tian shi mi chuan fu ce

［中國］: 集新堂梓行，［18××？］

［China］: Ji xin tang zi xing，［18××？］

Blockprint

1 volume（17 leaves）: ill.; 22 cm

12 行 26 字，白口，四周單邊，單黑魚尾，上下兩欄。

XB44

新刻萬法歸宗五卷

Xin ke Wan fa gui zong 5 juan

［上海］: 上海書局石印，1900

[Shanghai]: Shanghai shu ju shi yin, 1900

Lithoprint

4 volumes: illustrations; 15 cm

XB61

子部

太微仙君純陽呂祖師功過格，附居官格，閨門格

Tai wei xian jun chun yang Lü Zushi gong guo ge, Fu ju guan ge, gui men ge

[福建]: 养心堂重刊，清道光二十七年 [1847]

[Fujian]: Yang xin tang chong kan, Qing Daoguang 27 nian [1847]

Blockprint

1 volume; 22 cm

10 行 24 字，黑口，左右雙邊，單黑魚尾。

XB62

功過格

Gong guo ge

[福建]: 劉兆康敬校刊，清咸豐九年 [1859]

[Fujian]: Liu Zhaokang jing jiao kan, Qing Xianfeng 9 nian [1859]

Blockprint

1 volume; 22 cm

兩截版，均爲 9 行 12 字，白口，四周雙邊，單黑魚尾。

其他宗教類
Qi ta zong jiao lei

BL467. N47

祀先辨謬

Si xian bian miu

倪維思著

Nevius, John L., author

［福州］：太平街福音堂印，清同治八年［1869］

［Fuzhou］: Taiping jie Fu yin tang yin，Qing Tongzhi 8 nian
［1869］

Printed from movable type

4 leaves；17 cm

BS315. C5 1855

新舊約全書

Xin jiu yue quan shu

［香港］：英華書院，清咸豐五年［1855］

［Xianggang］: Ying hua shu yuan, Qing Xianfeng 5 nian［1855］

Printed from movable type

Vol.1–2，Genesis-Psalms wanting

1 volume；21 cm.

BS315. C5 1858

新舊約全書

Xin jiu yue quan shu

［江蘇松江］: 上海墨海書館, 1858

［Jiangsu Songjiang］: Shanghai mo hai shu guan, 1858

Printed from movable type

2 volumes in 1 case; 21 cm

BS315. C52 1874

舊約全書

Jiu yue quan shu

［北京］: 京都美華書院刷印, 1874

［Beijing］: Jingdu mei hua shu yuan shua yin, 1874

Printed from movable type

1042 pages; 28 cm

BS315. C5 1881

新舊約全書

Xin jiu yue quan shu

［福州］: 大美國聖經會鐫, 美華書局活板, 清光緒七年［1881］

［Fuzhou］: Da Meiguo sheng jing hui juan, mei hua shu ju huo ban, Qing Guangxu 7 nian［1881］

Printed from movable type

736, 226 pages; 19 cm

BS315. C5 1891

新舊約全書

Xin jiu yue quan shu

［上海］: 大英聖書會託印, 美華書館活板, 清光緒十七年

［1891］

　　［Shanghai］: Da ying sheng shu hui tuo yin, mei hua shu guan huo ban, Qing Guangxu 17 nian［1891］

　　Printed from movable type

　　1 volume（various pagings）; 22 cm

BS315. C5 1899

聖經全書

Sheng jing quan shu

［Shanghai］: American Bible Society, 1899

Printed from movable type

2 volumes in 1 case; 24 cm

BS315. C5 1904

新舊約全書

Xin jiu yue quan shu

　　［上海］: 聖書公會印發, 清光緒三十年［1904］

　　［Shanghai］: Sheng shu gong hui yin fa, Qing Guangxu 30 nian［1904］

　　Printed from movable type

　　455, 142 leaves; 23 cm

BR315. C5 1911

舊新約聖書: 文理

Jiu xin yue sheng shu: wenli

　　［上海］: 聖書公會, 清宣統三年［1911］

［Shanghai］: Sheng shu gong hui, Qing Xuantong 3 nian［1911］

Printed from movable type

1 volumes（800, 248 pages）; 19 cm

BS315. C53G4 1872

創世紀

Chuang shi ji

J.Schereschewsky, translator

［北京］: 美華書館, 1872

［Beijing］: Mei hua shu guan, 1872

Printed from movable type

82 leaves; 18 cm

BS315. C53I8 1888

以賽亞書

Yisaiya shu

［上海］: 大美國聖經會託印，上海修文書館鐫, 1888

［Shanghai］: Da Meiguo sheng jing hui tuo yin, Shanghai xiu wen shu guan juan, 1888

Printed from movable type

67 leaves; 20 cm

BS315. C53J58 1866

約伯記畧

Yuebo ji lue

R.S.Maclay, translator

子部

［福州］: 美華書局，清同治五年［1866］

［Fuzhou］: Mei hua shu ju，Qing Tongzhi 5 nian［1866］

Printed from movable type

62 leaves；21 cm

BS315. C53P7 1868

箴言全書

Zhen yan quan shu

S. L. Baldwin，translator

［福州］: 美華書局，清同治七年［1868］

［Fuzhou］: Mei hua shu ju，Qing Tongzhi 7 nian［1868］

Printed from movable type

39 leaves；25 cm

BS315. C53P8 1874

舊約聖詩

Jiu yue sheng shi

［京都（北京）］: 美華書院刷印，清同治十三年［1874］

［Jingdu（Beijing）］: Mei hua shu yuan shua yin，Qing Tong zhi 13 nian［1874］

Printed from movable type

pages from 642–720.；27 cm

BS315. C53P8 1882

舊約詩篇

Jiu yue shi pian

[上海]: 英華書局, 1882

[Shanghai]: Ying hua shu ju, 1882

Blockprint

108 leaves; 23 cm

BS315. C53P8 1886

舊約詩篇

Jiu yue shi pian

楊格非重譯

John, Griffith, translator

[漢鎮]: 英漢書館鉛板印, 1886

[Hanzhen]: Ying han shu guan qian ban yin, 1886

Printed from movable type

56 leaves; 20 cm

BS315. C53P8 1890A

舊約詩篇

Jiu yue shi pian

楊格非重譯

John, Griffith, translator

[漢鎮]: 英漢書館鉛板印, 1890

[Hanzhen]: Ying han shu guan qian ban yin, 1890

Printed from movable type

55 leaves; 19 cm

BS315. C53P8 1890

A specimen of Chinese metrical Psalms

J.Chalmers，translator

［Hongkong］：［s.n.］，1890

Printed from movable type

15 leaves；17 cm

BS315. C53P8 1891

詩篇

Shi pian

J. Chalmers，translator

［Xianggang］：［s.n.］，［1891?］

Blockprint

54 leaves；17 cm

BS315. C55 1857

新約全書

Xin yue quan shu

［上海］：墨海書館，1857

［Shanghai］：Mo hai shu guan，1857

Printed from movable type

1volume；21 cm

BS315. C55 1859

新約全書

Xin yue quan shu

依希利尼音譯

Bridgman, Elijah Cole, translator

［浙寧］: 華花印書局新鎸，清咸豐九年［1859］

［Zhening］: Hua hua yin shu ju xin juan, Qing Xianfeng 9
nian［1859］

Printed from movable type

1volume; 24 cm

BS315. C55 1862

新約全書

Xin yue quan shu

［香港］: 英華書院，清同治元年［1862］

［Xianggang］: Ying hua shu yuan, Qing Tongzhi yuan nian［1862］

Printed from movable type

140 leaves; 20 cm

BS315. C55 1864B

新約全書

Xin yue quan shu

［上海］: 美華書館藏板，清同治三年［1864］

［Shanghai］: Mei hua shu guan cang ban, Qing Tongzhi 3 nian［1864］

Printed from movable type

384 pages; 14 cm

BS315. C55 1869

新約全書

Xin yue quan shu

［福州］：美華書局，清同治八年［1869］

［Fuzhou］: Mei hua shu ju, Qing Tongzhi 8 nian［1869］

Printed from movable type

248 leaves；18 cm

BS315. C55 1869A

新約全書

Xin yue quan shu

［香港］：英華書院活板，清同治八年［1869］

［Xianggang］: Ying hua shu yuan huo ban, Qing Tongzhi 8 nian［1869］

Printed from movable type

1 volume（various pagings）；20 cm

BS315. C55 186–

聖經新約：福州平話

Sheng jing xin yue：Fuzhou ping hua

［福州］：美華書局，［186×？］

［Fuzhou］: Mei Hua shu guan,［186×？］

Blockprint

1 volume；20 cm

BS315. C55 1870

新約全書：官話

Xin yue quan shu：guan hua

［上海］: 美華書館，1870

［Shanghai］: Mei hua shu guan，1870

Printed from movable type

1 volume（unpaged）; 17 cm

BS315. C55 1871

新約全書

Xin yue quan shu

［京都（北京）］: 英華書院，1871

［Jingdu（Beijing）］: Ying hua shu yuan，1871

Library has part 2: Luke and John of this ed.

Blockprint

5 parts; 26 cm

BS315. C55 1872

新約全書

Xin yue quan shu

［京都（北京）］: 美華書院，清同治十一年［1872］

［Jingdu（Beijing）］: Mei hua shu yuan，Qing Tongzhi 11 nian［1872］

Printed from movable type

441 pages; 25 cm

BS315. C55 1877

新約聖書

Xin yue sheng shu

［福州］: 美華書局，清光緒三年［1877］

［Fuzhou］: Mei hua shu ju, Qing Guangxu 3 nian［1877］

Printed from movable type

251 leaves; 17 cm

BS315. C55 1879

新約全書

Xin yue quan shu

［上海］: 美華書館擺印，1879

［Shanghai］: Mei hua shu guan bai yin, 1879

Printed from movable type

514 pages; 15 cm

BS315. C55 1882

新約全書: 文理

Xin yue quan shu: wen li

［上海］: 大美國聖經會託印，美華書館藏板，1882

［Shanghai］: Da meiguo Sheng jing hui tuo yin, Mei hua shu guan cang ban, 1882

Printed from movable type

143 leaves; 19 cm

BS315. C55 1887

新約全書

Xin yue quan shu

［福州］: 美華書局活板，清光緒十三年［1887］

[Fuzhou]: Mei hua shu ju huo ban, Qing Guangxu 13 nian [1887]

Printed from movable type

582 pages; 17 cm

BS315. C55 1890

新約全書：文理

Xin yue quan shu: wen li

楊格非重譯

John, Griffith, translator

[漢鎮]: 英漢書館鉛板印，清光緒十六年 [1890]

[Hanzhen]: Ying han shu guan qian ban yin, Qing Guangxu 16 nian [1890]

Printed from movable type

1 volume; 20 cm

BS315. C55 1892

新約全書：官話

Xin yue quan shu: guan hua

楊格非重譯

John, Griffith, translator

[漢鎮]: 英漢書館鉛板印，清光緒十八年 [1892]

[Hanzhen]: Ying han shu guan qian ban yin, Qing Guangxu 18 nian [1892]

Printed from movable type

1 volume; 20 cm

BS315. C55 1895

新約全書

Xin yue quan shu

［上海］: 大美國聖經會託印，美華書館鉛板，1895

［Shanghai］: Da Meiguo sheng jing hui tuo yin，Mei hua shu guan qian ban，1895

Printed from movable type

1 volume（318，248 pages）; 19 cm

BS315. C55 1897

新約全書

Xin yue quan shu

［上海］: 美華書館鉛板，清光緒二十三年［1897］

［Shang hai］: Mei hua shu guan qian ban，Qing Guangxu 23 nian［1897］

Printed from movable type

218 leaves; 20 cm

BS315. C55 1900

新約全書

Xin yue quan shu

［福州］: 美華書局活板，大美國聖經會刷印，清光緒二十六年［1900］

［Fuzhou］: Meihua shu ju huo ban，Da Meiguo sheng jing hui shua yin，Qing Guangxu 26 nian［1900］

Printed from movable type

1 volume; 23 cm

BS315. C55 1904

新約全書

Xin yue quan shu

[上海]: 聖書公會印發, 清光緒三十年 [1904]

[Shanghai]: Sheng shu gong hui yin fa, Qing Guangxu 30 nian [1904]

Printed from movable type

1 volume.（various pagings）; 20 cm

BS315. C55 1904E

新約全書: 中西字

Xin yue quan shu: Zhong xi zi

[s.l.]: American Bible Society; Printed at Yokohama: Fukuin Print. Co., 1904

Printed from movable type

664 pages; 22 cm

BS315. C55 1905

新約聖書

Xin yue sheng shu

[上海]: [s.n.], 1905

[Shanghai]: [s.n.], 1905

Printed from movable type

1 volume; 20 cm

BS315. C55 1909

新約聖書

Xin yue sheng shu

［上海］: 聖書公會，清宣統元年［1909］

［Shanghai］: Sheng shu gong hui, Qing Xuantong yuan nian［1909］

Printed from movable type

374 pages；11 cm

XB181

吾主耶穌基督新約聖書八卷

Wu zhu Yesu Jidu xin yue sheng shu 8 juan

滿文

Man wen

［中國］:［s.n.］, 清末［1875–1911］

［China］:［s.n.］, Qing mo［1875–1911］

Printed from movable type

8 volumes；27 cm

BS315. C55 1911

圈點新約全書: 官話和合

Quan dian xin yue quan shu: guan hua he he

［倫敦］: 聖教書會印發，1911

［Lundun（Londou）］: Sheng jiao shu hui yin fa, 1911

Printed from movable type

592 pages，ill.；15 cm

BS315. C57A3 1874

使徒行傳

Shi tu xing zhuan

［京都（北京）］: 美華書院，清同治十三年［1874］

［Jingdu（Beijing）］: Mei hua shu yuan, Qing Tongzhi 13 nian
［1874］

Printed from movable type

71 double leaves; 21 cm

BS315. C57A3 1890

使徒行傳二十八章

Shi tu xing zhuan 28 zhang

［上海］: 美華書館，清光緒十六年［1890］

［Shanghai］: Mei hua shu guan, Qing Guangxu 16 nian［1890］

Printed from movable type

22 leaves; 20 cm

BS315. C57A3 1895

使徒行傳: 官話

Shi tu xing zhuan: Guan hua

［上海］: 大美國聖經會託印，美華書館鉛板，1895

［Shanghai］: Da Meiguo sheng jing hui tuo yin, Mei hua shu
guan qian ban, 1895

Printed from movable type

71 pages（p. 243–314）; 16 cm

BS315. C57A3 1895A

使徒行傳：上海土白

Shi tu xing zhuan：Shanghai tu bai

［上海］：大美國聖經會託印，美華書館擺印，1895

［Shanghai］：Da Meiguo sheng jing hui tuo yin，Mei hua shu guan bai yin，1895

Printed from movable type

123 leaves（p. 435–558）; 24 cm

BS315. C57J6 1865

約翰傳福音書：官話

Yuehan chuan fu yin shu：guan hua

［中國］：板存京都（北京）福音堂，1865

［China］：Ban cun Jingdu（Beijing）fu yin tang，1865

Blockprint

63 leaves; 21 cm

BS315. C57J6 1874

約翰福音

Yuehan fu yin

［北京］：美華書院，清咸豐十三年［1874］

［Beijing］：Mei hua shu yuan，Qing Xiangfeng 13 nian［1874］

Printed from movable type

31 leaves; 21 cm

BS315. C57J6 1883

約翰傳福音書

Yuehan chuan fu yin shu

［Place of publication not identified］: the American Bible Society, 1883

Printed from movable type

98 pages; 15 cm

BS315. C57J6 1895

約翰傳福音書: 官話

Yuehan chuan fu yin shu: Guan hua

［上海］: 大美國聖經會託印, 美華書館鉛板, 1895

［Shanghai］: Da mei guo sheng jing hui tuo yin, Mei hua shu guan qian ban, 1895

Printed from movable type

57 pages（p. 185–242）; 16 cm

XB72

約翰傳福音書翻譯福州平話二十八章

Yuehan chuan fuyin shu fan yi Fuzhou ping hua 28 zhang

［中國］: 美以美總會鎸, ［18××?］

［China］: Mei yi mei zong hui juan, ［18××?］

Blockprint

4 volumes; 25 cm

BS315. C57L8 1845

路加傳福音書

Lujia chuan fu yin shu

Morrison, Robert, translator

[Place of publication not identified]: 英番聖書公會藏板，清道光二十五年[1845]

[Place of publication not identified]: Ying fan sheng shu gong hui cang ban, Qing Daoguang 25 nian[1845]

Printed from movable type

132 pages; 17 cm

BS315. C57L8 1865

路加傳福音書: 官話

Lujia chuan fu yin shu: guan hua

[中國]: 板存京都福音堂，1865

[China]: Ban cun jing du fu yin tang, 1865

Blockprint

80 leaves; 21 cm

BS315. C57L8 1873

路加福音

Lujia fu yin

[京都（北京）]: 美華書院刷印，清同治十二年[1873]

[Jingdu（Beijing）]: Mei hua shu yuan shua yin, Qing Tongzhi 12 nian[1873]

Printed from movable type

71 leaves; 20 cm

BS315. C57L8 1883

路加傳福音書: 羊城土話

Lujia chuan fu yin shu: Yangcheng tu hua

[Place of publication not identified]: [s.n.], Qing Guangxu

9 nian [1883]

Blockprint

63 leaves; 21 cm

BS315. C57L8 1889

路加傳福音書

Lujia chuan fu yin shu

[上海]: 美華書館, 清光緒十五年 [1889]

[Shanghai]: Mei Hua shu guan, Qing Guangxu 15 nian [1889]

Printed from movable type

22 leaves; 20 cm

BS315. C57L8 1890

路加傳福音書

Lujia chuan fu yin shu

[上海]: 美華書館, 清光緒十六年 [1890]

[Shanghai]: Mei Hua shu guan, Qing Guangxu 16 nian [1890]

Printed from movable type

22 leaves; 20 cm

BS315. C57M37 1858

馬可傳福音書

Make chuan fu yin shu

［中國］:［s.n.］,［1858?］

［China］:［s.n.］,［1858?］

Printed from movable type

15 leaves; 21 cm

子部

BS315. C57M37 1861

馬可傳福音書: 繙譯福州平話

Make chuan fu yin shu: fan yi Fuzhou ping hua

［中國］: 烏石山真道堂刊, 1861

［China］: Wu shi shan zhen dao tang kan, 1861

Blockprint

37 leaves; 24 cm

BS315. C57M37 1871

馬可傳: 上海土白

Make zhuan: Shanghai tu bai

［上海］: 美華書館, 清同治十年［1871］

［Shanghai］: Mei Hua shu guan, Qing Tongzhi 10 nian［1871］

Printed from movable type

34 leaves; 17 cm

BS315. C57M37 1873

馬可福音

Make fu yin

［京都（北京）］: 美華書院刷印，清同治十二年［1873］

［Jingdu（Beijing）］: Mei hua shu yuan shua yin，Qing Tongzhi 12 nian［1873］

Printed from movable type

43 leaves；21 cm

BS315. C57M37 1890A

馬可傳福音書

Make chuan fu yin shu

［上海］: 美華書館，清光緒十六年［1890］

［Shanghai］: Mei hua shu guan，Qing Guangxu 16 nian［1890］

Printed from movable type

13 leaves；20 cm

BS315. C57M37 1893

馬可福音：文理

Make fu yin：wen li

［漢口］: 英漢書館鉛板印，清光緒十九年［1893］

［Hankou］: Ying han shu guan qian ban yin，Qing Guangxu 19 nian［1893］

Printed from movable type

19 leaves：folded color map；20 cm

BS315. C57M37 1898

馬可傳福音書

Make chuan fu yin shu

楊格非重譯

John, Griffith, translator

［漢鎮］: 美華書館鉛板印，清光緒二十四年［1898］

［Hanzhen］: Mei Hua shu guan qian ban yin, Qing Guangxu 24 nian［1898］

Printed from movable type

15 leaves; 20 cm

BS315. C57M38 1876

馬太福音傳: 上海土白

Matai fu yin zhuan: Shanghai tu bai

晏瑪太譯

Matthew Tyson, translator

［上海］: 浸會堂，清光緒二年［1876］

［Shanghai］: Jin hui tang, Qing Guangxu 2 nian［1876］

Printed from movable type

62 leaves; 25 cm

BS315. C57M38 1879

馬太傳福音書: 上海土音注解淺文

Matai chuan fu yin shu: Shanghai tu yin zhu jie qian wen

［上海］: 三牌樓福音會堂，清光緒五年［1879］

［Shanghai］: San pai lou fu yin hui tang, Qing Guangxu 5 nian［1879］

Printed from movable type

62 leaves; 25 cm

BS315. C57M38 1890

馬太傳福音書

Matai chuan fu yin shu

［上海］: 美華書馆, 1890

［Shanghai］: Mei hua shu guan, 1890

Printed from movable type

21 leaves; 20 cm.

BS315. C57M38

聖馬太福音

Sheng ma tai fu yin

［中國］: ［s.n.］, 1897

［China］: ［s.n.］, 1897

Printed from movable type

This is bound with: Make fu yin

1 volume; 21 cm

BS2575. D43

馬太傳福音書註釋

Matai chuan fu yin shu zhu shi

爲仁者纂

Dean, William, author

［上海］: 美華書館, 清光緒三年［1877］

［Shanghai］: Mei hua shu guan, Qing Guangxu 3 nian［1877］

Printed from movable type

100 leaves; 25 cm

子部

BS418. A54

聖經要言

Sheng jing yao yan

［北京］: 美華書馆刷印, 1871

［Beijing］: Mei hua shu guan shua yin, 1871

Printed from movable type

27, 3 leaves; 21 cm

BS580. J6L4

約瑟紀略

Yuese ji lüe

［香港］: 英華書院印刷, 清同治元年［1862］

［Xianggang］: Ying hua shu yuan yin shua, Qing Tongzhi yuan nian［1862］

Printed from movable type

27 leaves: ill.; 16 cm

BT77.3. L69

三字經

San zi jing

［京都（北京）］: 美華書院刷印, 1875

［Jingdu（Beijing）］: Mei hua shu yuan shua yin, 1875

Printed from movable type

17 leaves; 17 cm

BT306. H63

耶穌言行錄：摘用聖經

Yesu yan xing lu：zhai yong Sheng jing

［北京］：美華書館刷印，1872

［Beijing］：Mei hua shu guan shua yin，1872

Printed from movable type

2，63 leaves；28 cm

BT380. C4

救世主坐山教訓

Jiu shi zhu zuo shan jiao xun

［China］：［s.n.］，［186×？］

Lithoprint

10 leaves；19 cm

BT380. C4 1875

耶穌登山寶訓

Yesu deng shan bao xun

［京都（北京）］：美華書院刷印，1875

［Jingdu（Beijing）］：Mei hua shu yuan shua yin，1875

Printed from movable type

11 pages；16 cm

BV3415. M25

真理易知一卷，耶穌教要旨一卷，聖教例言一卷，靈魂篇一卷

Zhen li yi zhi 1 juan，Yesu jiao yao zhi 1juan，Sheng jiao li yan 1 juan，Ling hun pian 1 juan

培瑞氏著；查理氏校

McCartee，Divie Bethune，author；Hartwell，C.，editor

［福州］：金粟山藏板，太平街福音堂印，1863–1869

［Fuzhou］：Jinsushan cang ban，tai ping jie fu yin tang yin，1863–1869

Printed from movable type

4 tracts in 1 case；18 cm

BV4510. P613

苦人約色實録

Ku ren Yuese shi lu

［京都（北京）］：美華書院刷印，1875

［Jingdu（Beijing）］：Mei hua shu yuan shua yin，1875

Printed from movable type

6 pages；16 cm

BV4520. M48

兩友相論

Liang you xiang lun

Milne，William，author

［京都（北京）］：美華書院，1875

［Jingdu（Beijing）］：Mei Hua shu yuan，1875

Printed from movable type

1 volume（63 pages）；16 cm

XB121

張遠兩友相論十二回

Zhang Yuan liang you xiang lun 12 hui

［上海］: 美華書館, 1868

［Shanghai］: Mei hua shu guan, 1868

printed from movable type

33 leaves: ill.; 16 cm

XB79

張遠兩友相論

Zhang yuan liang you xiang lun

［上海］: 三牌樓福音會堂藏板, 1878

［Shanghai］: San pai lou fu yin hui tang cang ban, 1878

printed from movable type

32 leaves; 15 cm

BV4625. B6313

救主奇恩

Jiu zhu qi en

［京都（北京）］: 美華書院刷印, 1876

［Jingdu（Beijing）］: Mei hua shu yuan shua yin, 1876

Printed from movable type

1 volume; 16 cm

BX5145. A6C4

聖會禱文

Sheng hui dao wen

Arthur B. Stephen, translator

［香港］：聖士提反堂藏板，1877

［Xianggang］：Sheng shi ti fan tang cang ban，1877

1 volume；23 cm

XB177

聖詩樂譜

Sheng shi yue pu

［福州］：羅馬字書局，1906

［Fuzhou］：Luoma zi shu ju，1906

printed from movable type

10，304，22，8 pages；21 cm

PA817. S84

新約原文必讀

Xin yue yuan wen bi du

司徒雷登著

Stuart，John Leighton，author

［南京］：金陵聖道書院，清宣統二年［1910］

［Nanjing］：Jinling sheng dao shu yuan，Qing Xuantong 2 nian［1910］

Printed from movable type

74，61 pages；22 cm

XB70

耶穌教聖詩

Yesu jiao sheng shi

［中國］：亞比絲喜美總會鐫，1861

［China］：American Board of Commissioners for Foreign Missions，1861

Blockprint

18 leaves；21 cm

QA103. H64

心算指明

Xin suan zhi ming

何天爵著

Holcomb，Chester，author

［京都（北京）］：燈市口書院，1874

［Jingdu（Beijing）］：Deng shi kou shu yuan，1874

Printed from movable type

2，139 pages；18 cm

Y5C44. M63

鄉訓五十二則

Xiang xun wu shi er ze

米憐著

Milne，William，author

［寧波］：華花聖經書坊，清道光二十八年［1848］

［Ningbo］：Hua hua sheng jing shu fang，Qing Daoguang 28 nian［1848］

Printed from movable type

51 leaves；18 cm

XB25

聖書地理

Sheng shu di li（Scripture geography）

葉韙良著

Martin，William Alexander Parsons，author

［京都（北京）］: 美華書館刷印，1871

［Jingdu（Beijing）］: Mei hua shu guan shua yin，1871

Printed from movable type

12 leaves：maps（4 leaves inserted）; 26 cm.

子部

XB88

聖經史記: 論若瑟之來歷

Sheng jing shi ji: Lun Ruose zhi lai li

［江蘇省松江府上海縣］: 墨海書館藏板，1846

［Jiangsu sheng Songjiang fu Shanghai xian］: Mo hai shu guan cang ban，1846

printed from movable type.

1 volume（from 41 to 60 leaves）; 24 cm

9 行 18 字，白口，四周雙邊，單黑魚尾。

XB111

創世紀

Chuang shi ji

［中國］: 亞比絲喜美總會鐫，1866

［China］: American Board of Commissioners for Foreign Missions, 1866

Blockprint

1 volume (8 leaves); 25 cm

10 行 25 字，白口，左右雙邊，單黑魚尾，無直格。

XB31

正教安慰四卷

Zheng jiao an wei 4 juan

愛漢者纂

Gützlaff, Karl Friedrich August, author

［新嘉坡（新加坡）］: 堅夏書院藏板，清道光十六年［1836］

［Xinjiabo］: Jian xia shu yuan cang ban, Qing Daoguang 16 nian ［1836］

Blockprint

1 volume; 27 cm

8 行 25 字，白口，四周雙邊，單黑魚尾。

XB52

見道集十二卷

Jian dao ji 12 juan

黄治基編輯

Huang Zhiji bian ji

福州: 三山道學院諸生集貲刊，清光緒二十九年［1903］

Fuzhou: ［San shan dao xue yuan zhu sheng ji zi kan］, Qing Guangxu 29 nian ［1903］

Blockprint

1 volume；22 cm

14 行 30 字，小字雙行同，黑口，四周單邊，單黑魚尾，無直格。

XB103

雙千字文

Shuang qian zi wen

Martin, W. A. P., author

［上海］: 美華書館，［18××？］

［Shanghai］: Mei hua shu guan，［18××？］

Blockprint

26 leaves；24 cm

兩截版，均爲 6 行 4 字，白口，四周雙邊，單黑魚尾。

XB105

美以美聖會禮文例言：平話

Mei yi mei sheng hui li wen li yan：ping hua

［中國］: 美以美總會鎸，清咸豐十年［1860］

［China］: Mei yi mei zong hui juan, Qing Xianfeng 10 nian［1860］

Blockprint

1 volume；24 cm

8 行 20 字，白口，左右雙邊，單黑魚尾，無直格。

XB106

聖學問答：福州平話

Sheng xue wen da: Fuzhou ping hua

［中國］: 亞比絲喜美總會鎸, 1853

［China］: American Board of Commissioners for Foreign Missions, 1853

Blockprint

1 volume（64 leaves）; 22 cm

11 行 22 字, 白口, 四周雙邊, 單黑魚尾, 無直格。

XB107

天道鏡要

Tian dao jing yao

孟丁元著

Samuel Newell D. Martin, author

［寧波］: 華花聖書房, 清咸豐八年［1858］

［Ningbo］: Hua hua sheng shu fang, Qing Xianfeng 8 nian ［1858］

printed from movable type

3, 1, 92 leaves: map; 25 cm

XB162

天道溯原三卷

Tian dao su yuan 3 juan

丁韙良著

Martin, William Alexander Parsons, author

［上海］: 中國聖教書會發, 上海美華書館藏板, 1884

［Shanghai］: Zhongguo sheng jiao shu hui fa, Shanghai mei

hua shu guan cang ban，1884

printed from movable type

1 volume；20 cm

附：中國民間通俗信仰
Attachment: the folk belief in China

XB37

牖民覺路四卷

You min jue lu 4 juan

［臺灣］：臺中府苗栗一堡三湖莊崇德堂敬刊，清光緒二十八年［1902］

［Taiwan］：Taizhongfu Miaoli Yipu Sanhuzhuang chong de tang jing kan，Qing Guangxu 28 nian［1902］

Blockprint

1 volume；21 cm

8 行 20 字，白口，四周雙邊，單黑魚尾，版心下題"苗邑崇德堂"。

XB45

麟經匯參四卷

Lin jing hui can 4 juan

［臺灣］：苗栗二堡通宵街參化堂敬刊，清光緒二十三年［1897］

［Taiwan］：Miaoli Erpu tong xiao jie can hua tang jing kan，Qing Guangxu 23 nian［1897］

Blockprint

1 volume; 17 cm

8 行 25 字，白口，左右雙邊，單黑魚尾。

XB67

訓俗遺規四卷

Xun su yi gui 4 juan

（清）陳宏謀輯

（Qing）Chen Hongmou ji

［中國］: 鄭陶齋重刊，清同治八年［1869］

［China］: Zheng Taozhai chong kan，Qing Tongzhi 8 nian ［1869］

Blockprint

4 volumes in 1 case; 24 cm

9 行 22 字，白口，四周雙邊，單黑魚。有內封面題"同治己巳年雕竣，版藏上海城北文苑齋"。

XB104

名得利: 右卷

Ming de li: you juan

［澳門］: ［s.n.］，［18××？］

［Ao'men（Macao）］: ［s.n.］，［18××？］

Blockprint

1 volume（37 leaves）: 17 cm

10 行 21 字，白口，上下雙邊，單黑魚尾。書衣題"敬惜字紙，名得利，府縣案縣不入，限姓內不論前後，卷俱皆全計，南番兩大縣文黌宮，鋪在澳門菓欄騎樓街開張"。

XB119

血盆寶經

Xue pen bao jing

［中國］:［s.n.］, 清光緒二十八年［1902］

［China］:［s.n.］, Qing Guangxu 28 nian［1902］

Manuscript

1 volume（8 leaves）; 26 cm

6 行 16 字，無欄格。

集部
Ji bu

別集類
Bie ji lei

PL2670. A1 1870

昌黎先生集四十卷，外集十卷，遺文一卷

Changli xian sheng ji 40 juan, wai ji 10 juan, yi wen 1 juan

（唐）韓愈撰；李翰編

（Tang）Han Yu zhuan; Li Han bian

韓集點勘四卷

Han ji dian kan 4 juan

（清）陳景雲撰

（Qing）Chen Jingyun zhuan

［蘇州］: 江蘇書局，清同治八年至九年［1869–1870］

［Suzhou］: Jiangsu shu ju, Qing Tongzhi 8 nian zhi 9 nian ［1869–1870］

Blockprint

9 行 17 字，夾注小字雙行字數同，白口，四周雙邊，雙黑魚尾，版心下鑴"東雅堂"。

PL2696. A6 1895

王文成公全書三十八卷

Wang wen cheng gong quan shu 38 juan

（明）王陽明撰；徐愛等編

（Ming）Wang Yangming zhuan; Xu Ai［and others］bian

［中國］:［s.n.］，清光緒二十一年［1895］

［China］:［s.n.］, Qing Guangxu 21 nian［1895］

Blockprint

38 volumes in 4 cases; 24 cm

9 行 21 字，白口，左右雙邊，單黑魚尾。卷首序説末稱"刻既成，懼讀者之病於未察也，敢敬述以求正，乙未年正月"。

XB142

音注小倉山房尺牘八卷

Yin zhu xiao cang shan fang chi du 8 juan

（清）袁枚撰；胡光斗箋釋

（Qing）Yuan Mei zhuan; Hu Guangdou jian shi

［中國］: 青蘿室藏板，清咸豐九年［1859］

［China］: Qing luo shi cang ban, Qing Xianfeng 9 nian［1859］

Blockprint

4 volumes; 19 cm

9 行 21 字，下黑口，四周雙邊，單黑魚尾。有内封面題"咸豐己未秋新鐫, 山陰胡又廬箋釋, 音注小倉山房尺牘, 青蘿室藏板"。

總集類
Zong ji lei

XB137

詳訂古文評註全集十卷

Xiang ding gu wen ping zhu quan ji 10 juan

（清）過珙等評選

（Qing）Guo Gong［and others］ping xuan

［China］:［s.n.］,［18××？］

Blockprint

10 volumes；24 cm

Libraru only has 1 volume

存一卷：七

9 行 22 字，小字雙行同，白口，四周單邊，單黑魚尾，上下兩欄。

PL2455. K78 1874

右文堂詳訂古文評註全集十卷

You wen tang xiang ding gu wen ping zhu quan ji 10 juan

（清）過珙，黃越評選

（Qing）Guo Gong, Huang Yue ping xuan

［中國］: 同文堂藏板，清同治十三年［1874］

［China］: Tong wen tang cang ban, Qing Tongzhi 13 nian［1874］

Blockprint

vol. 3 wanting

9行22字，小字雙行同，白口，四周單邊，單黑魚尾，上下兩欄，欄上鐫評。有內封面題"同治甲戌年重鐫，劉豫菴先生鑒定，右文堂發兑，詳訂古文評註，同文堂藏板"。

PL2455. K78 1872

金谷園詳訂古文評註全集十卷

Jin gu yuan xiang ding gu wen ping zhu quan ji 10 juan

（清）過珙，黄越評選

（Qing）Guo Gong，Huang Yue ping xuan

［中國］: 文選樓藏板，清同治十年［1871］

［China］: Wen xuan lou cang ban，Qing Tongzhi 10 nian［1871］

Blockprint

9行22字，小字雙行同，白口，四周單邊，單黑魚尾，上下兩欄，版心題"金谷園"。有內扉頁題"同治十年重鐫，劉豫菴先生鑒定，詳訂古文評註，文選樓藏板"。

PL2455. K78 1852

茂經樓詳訂古文評註全集十卷

Mao jing lou xiang ding gu wen ping zhu quan ji 10 juan

（清）過珙，黄越評選

（Qing）Guo Gong，Huang Yue ping xuan

［中國］: 天平街維經堂藏板，清咸豐二年［1852］

［China］: Tian ping jie wei jing tang cang ban，Qing Xianfeng 2 nian［1852］

Blockprint

9行22字，小字雙行同，白口，四周單邊，單黑魚尾，眉上鐫評。有内封面題"咸豐二年重鐫，劉豫菴先生鑒定，詳訂古文評註，天平街維經堂藏板"。

集部

PL2531.S842 1857

唐詩三百首註疏六卷

Tang shi san bai shou zhu shu 6 juan

（清）孫洙撰

（Qing）Sun Zhu zhuan

［中國］: 孫洙［自］，清道光十五年［1835］

［China］: Sun Zhu［zi］, Qing Daoguang 15 nian［1835］

Blockprint

6 volumes；22 cm

Vols. 4 and 6 wanting

8行20字，小字雙行同，白口，四周單邊，單黑魚尾．内封面題"唐詩三百首註疏，咸豐丁巳孟夏文會堂藏板"。

PL2531. W352

古唐詩合解十二卷

Gu tang shi he jie 12 juan

（清）王堯衢編

（Qing）Wang Yaoqu bian

［中國］: 慶雲樓藏板，［18××？］

［China］: Qing yun lou cang ban,［18××？］

Blockprint

5 volumes；18 cm

9行21字，小字雙行同，白口，左右雙邊，單黑魚尾。

有內封面題"王阮亭先生原本，吳郡王翼雲先生編，後附古詩，唐詩合解箋注，慶雲樓藏板"。

PL2518.L48

注釋九家詩十一卷

Zhu shi jiu jia shi 11 juan

（清）魏茂林評註

（Qing）Wei Maolin ping zhu

［中國］：同文堂藏板，清道光十五年［1835］

［China］：Tong wen tang cang ban，Qing Daoguang 15 nian［1835］

Blockprint

4 volumes；18 cm

8行20字，小字雙行同，白口，左右雙邊，單黑魚尾。內封面鐫"道光乙未春鐫，豐溪魏茂林評注，注釋九家詩合刻，同文堂藏板"。

XB171

御製增訂清文鑑三十二卷，目録一卷，補編四卷，總綱八卷，補總綱一卷

Yu zhi zeng ding Qing wen jian 32 juan，Mu lu 1 juan，Bu bian 4 juan，Zong gang 8 juan，Bu zong gang 1 juan

（清）傅恒等奉敕撰

（Qing）Fu Heng［and others］feng chi zhuan

［北京］：武英殿，清乾隆三十六年［1771］

［Beijing］：Wu ying dian，Qing Qianlong 36 nian［1771］

Blockprint

48 volumes；30 cm

滿漢合璧，白口，四周雙邊，無直格。

XB172

清文補彙八卷

Qing wen bu hui 8 juan

（清）宜興編

（Qing）Yi Xing bian

北京：［武英殿？］，清嘉慶七年［1802］

Beijing：［Wu ying dian?］, Qing Jiaqing 7 nian［1802］

Blockprint

8 volumes；27 cm

滿漢合璧，8 行字不等，白口，四周雙邊，單黑魚尾。

XB173

清文彙書十二卷

Qing wen hui shu 12 juan

（清）李延基撰

（Qing）Li Yanji zhuan

［京都（北京）］：三槐堂書坊，清中期［1722–1875］

［Jingdu（Beijing）］：San huai tang shu fang, Qing zhong qi
［1722–1875］

Blockprint

12 volumes；27 cm

滿漢合璧，8 行字不等，小字雙行 36 字，白口，四周雙邊，
單黑魚尾。

詩文評類

Shi wen ping lei

PL2518.L53

分類詩腋八卷

Fenlei shi ye 8 juan

（清）李禎編

（Qing）Li Zhen bian

［China］:［s.n.］,［18××？］

Blockprint

9 行 20 字，白口，四周單邊，單黑魚尾。

小説類

Xiao shuo lei

PL2690. S3 1870

繪圖三國志演義十二卷一百二十回

Hui tu Sanguozhi yan yi 12 juan 120 hui

（明）羅貫中撰

（Ming）Luo Guanzhong zhuan

［上海］: 遜記書莊, 1870

［Shanghai］: Xun ji shu zhuang shi yin, 1870

Lithoprint

12 volumes：illustrations；19 cm

XB154

四大奇書第一種六十卷一百二十回

Si da qi shu di yi zhong 60 juan 120 hui

（明）羅貫中撰；（清）毛宗崗評

（Ming）Luo Guanzhong zhuan；（Qing）Mao Zonggang ping

［China］:［s.n.］,［18××？］

Blockprint

20 volumes；17 cm

Library only has volume 8

存三卷六回: 卷二三至二十五第四十五至五十回

11 行 25 字，白口，四周單邊，單黑魚尾，無直格。

XB180

三國志二十四卷

San guo zhi 24 juan

（明）羅貫中撰

（Ming）Luo Guanzhong zhuan

［中國］:［武英殿？］，清雍正元年至三年［1723–1735］

［China］:［Wu ying dian?］, Qing Yongzheng yuan nian zhi 3 nian［1723–1735］

Blockprint

42 volumes；25 cm

滿漢文合璧，14 行字不等，白口，四周雙邊，單黑魚尾，無直格。

PL2694. S5 1907

評註圖像五才子書［水滸傳］七十回

Ping zhu tu xiang Wu cai zi shu［Shui hu zhuan］70 hui

（明）施耐庵撰；（清）金聖歎批評

（Ming）Shi Naian zhuan;（Qing）Jin Shengtan pi ping

［中國］:［s.n.］, 清光緒三十三年［1907］

［China］:［s.n.］, Qing Guangxu 33 nian［1907］

Lithoprint

12 volumes: ill.; 21 cm

PZ8.1. W9

增像全圖加批西遊記八卷一百回

Zeng xiang quan tu jia pi Xi you ji 8 juan 100 hui

（明）吳承恩撰

（Ming）Wu Chengen zhuan

［上海］: 錦章書局, 民國［1911–1949］

［Shanghai］: Jin zhang shu ju, Minguo［1911–1949］

Lithoprint

8 volumes in 1 case: ill.; 20 cm

XB156

西遊真詮十卷一百回

Xi you zhen quan 10 juan 100 hui

（清）陳士斌詮解

（Qing）Chen Shibin quan jie

［China］:［s.n.］,［18××？］

Blockprint

20 volumes; 17 cm

Library only has volume 2

存一卷五回：卷三第七至十一回

10 行 24 字，白口，左右雙邊，單黑魚尾，無直格。

PZ8.1. W92

繪圖西遊記後傳

Hui tu Xi you ji hou zhuan

［中國］：［s.n.］，清光緒三十二年［1906］

［China］：［s.n.］，Qing Guangxu 32 nian［1906］

Lithoprint

6 volumes in 1 case：illustrations；b21 cm

PL2722. U2L5 1842

聊齋志異新評十六卷

Liao zhai zhi yi xin ping 16 juan

（清）蒲松齡撰；王士禛評；但明倫新評；呂湛恩注

（Qing）Pu Songling zhuan；Wang Shizhen ping；Dan Minglun xin ping；Lü zhan-en zhu

［上海］：江左書林，清光緒十二年［1886］

［Shanghai］：Jiang zuo shu lin，Qing Guangxu 12 nian［1886］

Printed from movable type

2 volumes in 1 case：ill.；20 cm

XB114

繡像京本雲合奇踪玉茗英烈全傳十卷八十回

Xiu xiang Jing ben yun he qi zong Yu ming ying lie quan zhuan 10 juan 80 hui

（明）徐渭編

（Ming）Xu Wei bian

［中國］:［s.n.］, 清末［1875–1911］

［China］:［s.n.］, Qing mo［1875–1911］

Blockprint

5 volumes; 19 cm

Library only has volume. 2

存二卷: 卷三至四

12 行 24 字, 白口, 左右雙邊, 單黑魚尾。

PL2732. E57E7

兒女英雄傳評話八卷四十四回, 續八卷三十二回

Er nü ying xiong zhuan ping hua 8 juan 44 hui, xu 8 juan 32 hui

（清）文康撰; 還讀我書室主人［董恂］評

（Qing）Wenkang zhuan; Huan du wo shu shi zhu ren［Dong Xun］ping

［上海］: 集成圖書公司, 清光緒三十二年［1907］

［Shanghai］: Ji cheng tu shu gong si, Qing Guangxu 32 nian［1907］

Printed from movable type

12 volumes in 1 case: ill.; 21 cm

XB143

平妖續傳四卷二十回

Ping yao xu zhuan 4 juan 20 hui

［上海］: 上海書局, 清光緒三十三年［1906］

［Shanghai］: Shanghai shu ju, Qing Guangxu 33 nian［1906］

Lithoprint

3 volumes；16 cm

XB43

新刻陰陽顯報水鬼陞城隍全傳四卷二十回

Xin ke yin yang xian bao shui gui sheng cheng huang quan zhuan 4 juan 20 hui

［中國］：富經堂刻，文苑樓藏板，清末［1875–1911］

［China］：Fu jing tang ke，Wen yuan lou cang ban，Qing mo［1875–1911］

Blockprint

1 volume；17 cm

10 行 20 字，白口，四周單邊，單黑魚尾。內封面題"新陰陽顯報鬼神全傳，文苑樓藏板"。

XB46

第九才子書平鬼傳四卷二十回

Di jiu cai zi shu ping gui zhuan 4 juan 10 hui

［上海］：嘉惠書局石印，清光緒三十三年［1907］

［Shanghai］：Jia hui shu ju shi yin，Qing Guangxu 33 nian［1907］

Lithoprint

1 volumes：ill.；14 cm

XB155

新鋟異說五虎平西珍珠旗演義狄青前傳十四卷一百一十二回

Xin qin yi shuo Wu hu ping xi zhenzhu qi yanyi Di Qing qian zhuan 14 juan112 hui

［China］:［s.n.］,［18×× ？］

Blockprint

14 volumes；17 cm

Library only has volume 5

存一卷八回：五卷第三十一至三十八回

10 行 21 字，白口，四周單邊，單黑魚尾，無直格。

XB49

臙脂牡丹六卷

Yan zhi mu dan 6 juan

［中國］: 澆書攤飯處藏板，清道光十九年［1839］

［China］: Jiao shu tan fan chu cang ban, Qing Daoguang 19 nian［1839］

Blockprint

6 volumes；14 cm

10 行 19 字，黑口，左右雙邊，無魚尾。

XB69

補訂時尚崑腔綴白裘十二編千集

Bu ding shi shang kun qiang zhui bai qiu shi er bian qian ji

［蘇州］: 金閶學耕堂梓行，清乾隆四十七年［1782］

［Suzhou］: Jin chang xue geng tang zi xing, Qing Qian long 47 nian［1782］

Blockprint

1 volume; 21 cm

9 行 20 字，白口，左右雙邊，單黑魚尾。

琵琶記—連環記—牡丹亭

XB150

風月夢三十二回

Feng yue meng 32 hui

（清）邗上蒙人撰

（Qing）Hanshangmengren zhuan

［上海］：申報館，清光緒九年［1883］

［Shanghai］: Shen bao guan, Qing Guangxu 9 nian［1883］

printed from movable type

4 volumes; 18 cm

Library only has volume 2–3

存十五回：第十一—二十四回

曲類

Qu lei

PL2336. L24

來生福彈詞三十六回

Lai sheng fu tan ci 36 hui

（清）橘中逸叟撰；湖橋生校訂

（Qing）Ju zhong yi sou zhuan; Hu Qiaosheng jiao ding

［中國］：資善堂梓行，清同治九年［1870］

［China］: Zi shan tang zi xing, Qing Tongzhi 9 nian［1870］

Blockprint

4 volumes；18 cm

8 行 20 字，黑口，四周單邊，無魚尾。

西學部 ②

Xi xue bu

XB168

華英竹書記，書經合編

Hua Ying Zhu shu ji，Shu jing he bian

［上海］：上海書局，清光緒三十年［1904］

［Shanghai］：Shanghai shu ju，Qing Guangxu 30 nian［1904］

Lithoprint

1 volume；21 cm

XB24

字譜

Zi pu

［英國教士］湛約翰校訂

［England Christian］Chalmers，John，editor

［香港］：德臣報館刊印，1893

［Xianggang］：De chen bao guan kan yin，1893

Blockprint

1 volume；30 cm

9 行 17 字，白口，四周雙邊，單黑魚尾，上下兩欄。

---

② 適當收錄一部分華英字典的出版物。

XB164

英華仙尼華四雜字文

Ying Hua Xiannihuasi za zi wen

P. Streeevassa Pillay，author

［定海舟山］：寧郡東壁齋，清道光二十六年［1846］

［Dinghai Zhoushan］：Ningjun Dong bi zhai，Qing Daoguang 26 nian［1846］

Blockprint

319 leaves；27 cm

XB165

袖珍華英字典

Xiu zhen hua ying zi dian

Wan tzu tien，author

［Shanghai］：American Presbyterian Mission Press，Qing Guangxu 15 nian［1889］

printed from movable type

1 volume；15 cm

XB167

五車韻府：華文譯英文字典

Wu che yun fu：Hua wen yi ying wen zi dian

Morrison，Robert，author

［上海］：點石齋，清光緒五年［1879］

［Shanghai］：Dian shi zhai，Qing Guangxu 5 nian［1879］

Lithoprint

1 volume；21 cm

有內封面題"光緒五年冬十月上海點石齋照相石印縮本"。

XB169

字典集成，華英句語

Zi dian ji cheng，Hua ying ju yu

（清）鄺全福選著

（Qing）Kuang Quanfu xuan zhu

［Xianggang］: Printed by De Souza & Co.，Qing Tongzhi 7 nian［1868］

printed from movable type

1 volume；21 cm

PL1455. S6

The student's four thousand 字［characters］and general pocket dictionary

Soothill，William Edward，author

［Shanghai］: Presbyterian Mission Press，1899

printed from movable type

1 volume；16 cm

XB86

粵音指南四卷

Yue yin zhi nan 4 juan

［香港］: 聚珍書樓活板承印，清光緒二十九年［1903］

［Xianggang］: Ju zhen shu lou huo ban cheng yin，Qing

Guangxu 29 nian［1903］

printed from movable type

2 volumes；29 cm

XB176

初學粵音切要

Chu xue yue yin qie yao［Chinese Phonetic Vocabulary, containing all the most common characters, with their sounds in canton dialect］

Xianggang: Printed at the London missionary society's press, 1855

printed from movable type

1 volume（31 leaves）；21 cm

XB87

華英通用雜話：上卷

Hua Ying tong yong za hua：Shang juan

hom, Robert, author

［China］:［s.n.］,［1843?］

Blockprint

40 leaves；24 cm

XB175

文學書官話

Wen xue shu guan hua［Mandarin grammar］

［美國］高第丕,［中國］張儒珍著

［America］Crawford, Tarleton Perry, author;［China］

Zhang Ruzhen, joint author

[中國]: [s.n.], 清同治八年 [1869]

[China]: [s.n.], Qing Tongzhi 8 nian [1869]

printed from movable type

1 volume (53 leaves); 20 cm

XB90

英民史記三卷

Ying min shi ji 3 juan

Green, John Richard, author; Macklin, W. E., translator

[上海]: 美華書館, 清光緒三十三年 [1907]

[Shanghai]: Mei Hua shu guan, Qing Guangxu 33 nian [1907]

printed from movable type

3 volumes in 1 case: portraits (some folded); 20 cm

XB68

伊娑菩喻言

Yisuopu yu yan

translated by R. Thom

[上海]: 施醫院藏板, [18×× ?]

[Shanghai]: Shi yi yuan cang ban, [18×× ?]

Blockprint

38 leaves: ill.; 26 cm

XB151

伊娑菩喻言

Yisuopu yu yan

translated by R. Thom

［China］:［s.n.］,［1838?］

Blockprint

2 volumes in 1 case; 24 cm

卷末題"道光戊戌蒲月吉旦","鶯吟羅伯聃述"。

XB94

意拾喻言

Yishi yu yan

伊索著

Aesop, author

［中國］: 粵東惠濟醫館藏板, 清咸豐元年［1851］

［China］: Yuedong hui ji yi guan cang ban, Qing Xianfeng yuan nian［1851］

Blockprint

1 volume（42 leaves）; 26 cm

8行20字, 白口, 四周雙邊, 單黑魚尾, 無直格。

XB95

格致啓蒙四卷

Ge zhi qi meng 4 juan

［上海］:［江南制造局？］,［1879?］

［Shanghai］:［Jiang nan zhi zao ju?］,［1879?］

Blockprint

4 volumes: ill.; 30 cm

10 行 22 字，黑口，左右雙邊，對黑魚尾。

［v.1］羅斯古撰，林樂知、鄭昌棪譯—［v.2］司都霍撰，林樂知、鄭昌棪譯—［v.3］駱克優撰，林樂知、鄭昌棪譯—［v.4］祁覲撰，林樂知、鄭昌棪譯。

XB174

西國算學

Xi guo suan xue

［福州］: 美華書局活板印, 1864

［Fuzhou］: Mei hua shu ju huo ban yin, 1864

printed from movable type

1 volume（21 leaves）; 21 cm

有同治三年美士人基順序。

R149. H63

西醫略論

Xi yi lue lun

合信氏撰

He Xinshi zhuan

［上海］: 仁濟醫館藏板, 清咸豐七年［1857］

［Shanghai］: Ren ji yi guan cang ban, Qing Xianfeng 7 nian［1857］

Blockprint

3 volumes in 1 case: ill.; 27 cm

有內封面題 "咸豐七年新鐫，西醫略論，江蘇上海仁濟醫館藏板"。

XB120

中西聞見録: 第十五號

Zhong xi wen jian lu: Di 15 hao

［北京］: 京都施醫院, 清同治十二年［1873］

［Beijing］: Jingdu shi yi yuan, Qing Tongzhi 12 nian［1873］

Blockprint

1 volume; 27 cm

10 行 24 字, 白口, 左右雙邊, 單黑魚尾。

XB135

譚天十八卷, 附表

Tan tian 18 juan, fu biao

侯失勒原本; 偉烈亞力口譯; 李善蘭删述

Herschel, John F. W., author; Wylie, A., translator; Li, Shanlan, editor

［上海］: 墨海活字版印, 清咸豐九年［1859］

［Shanghai］: Mo hai huo zi ban yin, Qing Xianfeng ji wei ［1859］

printed from movable type

3 volumes (double leaves, various foliations): ill., plates; 28 cm

Library only has 2 volumes

存十二卷: 七至十八

附錄：基督教文獻（1912-）
the part of Christian literature

BD431. H3219

永遠的價值

Yong yuan de jia zhi

漢理崧著；顏路裔譯

Johann Hannesson, author; Yan Luyi, translator

[香港]：信義宗聯合出版部，1953

[Xianggang]: Xin yi zong lian he chu ban bu, 1953

76 pages；19 cm

BJ1251. M425

基督教倫理學

Jidu jiao lun li xue

Alvin Daniel Mattson 著；謝受靈譯

Mattson, A. D., author; Xie Shouling, translator

[香港]：信義宗聯合出版部，1953

[Xianggang]: Xin yi zong lian he chu ban bu, 1953

269 pages；19 cm

BL50. C43

宗教仍有存在之可能否

Zong jiao reng you cun zai zhi ke neng fou

張坊著

Zhang Fang, author

［上海］: 廣學會，1928

［Shanghai］: Guang xue hui, 1928

3, 138 pages; 19 cm

BR45. T36

基督教之概觀

Jidu jiao zhi gai guan

湯格柔編；周桂生譯

Tangeraas, Anders, editor; Zhou Guisheng, translator

［漢口］: 中華信義會書報部，1948

［Hankou］: Zhonghua xin yi hui shu bao bu, 1948

6 volumes: maps.; 18 cm

volume.3, 6 wanting

BR100. C43

基督教哲學

Jidu jiao zhe xue

赵紫宸著

Zhao Zichen, author

［上海］: 中華基督教文社，1926

［Shanghai］: Zhonghua Jidu jiao wen she, 1926

344 pages；23 cm

BR115. H4W56

服務真銓

Fu wu zhen quan

懷愛倫夫人著；梅晉良譯

White，Ellen Gould，author；Mei Jinliang，translator

［星洲（新加坡）］：南洋時兆報館，1952

［Xingzhou（Xinjiapo）］：Nanyang shi zhao bao guan，1952

487 pages：illustrations；23 cm

BR146. B93

教會史略

Jiao hui shi lue

穆格新著

Bugge，Sten，author

［香港］：信義宗聯合出版部，1954

［Xianggang］：Xin yi zong lian he chu ban bu，1954

10，146 pages；19 cm

BR146. Q325

教會歷史

Jiao hui li shi

李少蘭譯

Li，Shaolan，translator

［香港］：信義宗聯合出版部，1952–1953

［Xianggang］: Xin yi zong lian he chu ban bu, 1952-1953

2 volumes : maps; 23 cm

BR190. S5519

一個古教會的學道班

Yi ge gu jiao hui de xue dao ban

施迦德著；漢理崧，顏路裔譯

Skard, Bjarne, Author; Johann, Hannesson; Yan Luyi, translator

［香港］: 信義宗聯合出版部，1951

［Xianggang］: Xin yi zong lian he chu ban bu, 1951

86 pages; 19 cm

BR332. L68C4

基督徒的自由

Jidu tu de zi you

Martin luther 著；和士謙，陳建勳譯

Martin luther, author; He Shiqian, Chen Jianxun, translator

［香港］: 信義宗聯合出版部，1954

［Xianggang］: Xin yi zong lian he chu ban bu, 1954

52 pages; 19 cm

BR333.5. B3J6

路德的聖洗觀

Lude（Martin luther）de sheng xi guan

Josefson, Ruben 著；王敬軒譯

Josefson, Ruben, author; Wang Jingxuan, translator

[香港]: 信義宗聯合出版部, 1953

[Xianggang]: Xin yi zong lian he chu ban bu, 1953

3, 1, 145 pages; 19 cm

BR334. C2719

路德脱離天主教前後

Lude (Martin luther) tuo li Tianzhu jiao qian hou

Carlberg, Gustav 著; 王敬軒譯

Carlberg, Gustav, author; Wang Jingxuan, translator

[香港]: 信義宗聯合出版部, 1951

[Xianggang]: Xin yi zong lian he chu ban bu, 1951

2, 4, 2, 54 pages; 19 cm

BR334. E43

馬丁路德與改教運動

Mading Lude (Martin Luther) yu gai jiao yun dong

Eid, Luthard 著; 汪燮堯譯

Eid, Luthard, author; Wang Xieyao, translator

[香港]: 信義宗聯合出版部, 1954

[Xianggang]: Xin yi zong lian he chu ban bu, 1954

10, 10 pages: ill.; 19 cm

BR334. H34

認識路德

Ren shi Lude (Martin Luther)

何勒著；古樂人譯

Hall, George Fridolph, author; Gu Leren, translator.

［香港］: 信義宗聯合出版部，1954

［Xianggang］: Xin yi zong lian he chu ban bu, 1954

2，48 pages; 19 cm

BR479. V319

現代潮流中的上帝觀

Van Dusen, Henry Pitney 著；應遠濤譯

Van Dusen, Henry Pitney, author; Ying Yuantao, translator.

［上海］: 青年協會書局，1937

［Shanghai］: Qing nian xie hui shu ju, 1937

2，1，132 pages; 22 cm

BR1280. C46 1915

中華基督教會年鑑 1915 年第 2 期

Zhonghua Jidu jiao hui nian jian 1915 nian di 2 qi

中華續行委辦會編訂

Zhonghua xu xing wei ban hui bian ding

［上海］: 商務印書館，1916

［Shanghai］: Shang wu yin shu guan, 1916

418 pages; 23 cm

BR1280. C46

中華基督教會年鑑 1915 年第 3 期

Zhonghua Jidu jiao hui nian jian 1915 nian di 3 qi

中華續行委辦會編訂

Zhonghua xu xing wei ban hui bian ding

［上海］：商務印書館，1916

［Shanghai］：Shang wu yin shu guan，1916

1 volume：maps；23 cm

BR1280. C46 1917

中華基督教會年鑑 1917 年第 4 期

Zhonghua Jidu jiao hui nian jian 1917 nian di 4 qi

中華續行委辦會編訂

Zhonghua xu xing wei ban hui bian ding

［上海］：廣學會，1917

［Shanghai］：Guang xue hui，1917

298 pages；22 cm

BR1285. C4A2

Church of Christ in China：origing，purpose，constitution

中華基督教會：緣起，宗旨，典章

Zhong hua ji du jiao hui：Yuanqi，Zongzhi，Dianzhang

the General Assembly，the Church of Christ in China，editor

［Shanghai］：the General Assembly，the Church of Christ in

China，1932

20 pages：map.；20 cm

BR1285. C42 1933

Digest of the Minutes and reports of the 3rd meeting of the

General Assembly and of the 6th meeting of the General Council
of the Church of Christ in China

中華基督教會全國總會第三屆常會議録及第六屆續行委員
部年會記録

Zhong hua jidu jiao hui quan guo zong hui de san jie chang
hui yi lu ji de liu jie xu xing wei yuan bu nian hui ji lu

［廈門鼓浪嶼（Kulangsu，Amoy）］：［s.n.］, 1933

［Xiamen Gulangyu］：［s.n.］, 1933

164 pages；23 cm

BR1285. C42 1930

中華基督教會全國總會第二屆常會紀念册

Zhonghua Jidu jiao hui quan guo zong hui di er jie chang hui
ji nian ce

［上海］：［s.n.］, 1930

［Shanghai］：［s.n.］, 1930

373 pages：ill.；27 cm

BR1285. C425 1931

中華基督教會全國總會第四屆續行委員部年會議録

Records and minutes of the fourth annual meeting of the
General Council of the Church of the Christ in China

［江蘇蘇州］：［s.n.］, 1931

［Jiangsu Suzhou］：［s.n.］, 1931

74 pages；24 cm

BR1285. C43

最近反基督教運動的記評

Zui jin fan Jidu jiao yun dong de ji ping

張亦鏡編

Zhang Yijing, editor

［廣州］: 美華浸會印書局, 1925

［Guangzhou］: Mei hua jin hui yin shu ju, 1925

112 pages; 21 cm

BR1285. L62

基督教與新中國

Jidu jiao yu xin Zhongguo

羅運炎著

Luo Yunyan, author

［上海］: 美以美會全國書報部, 1923

［Shanghai］: Mei yi mei hui quan guo shu bao bu, 1923

105 pages; 19 cm

BR1285. N315 1922

基督教全國大會報告書

Jidu jiao quan guo da hui bao gao shu

中華全國基督教協進會編輯

Zhonghua quan guo Jidu jiao xie jin hui, editor

［上海］: 协和書局, 1923

［Shanghai］: Xie he shu ju, 1923

353 pages: ill.; 26 cm

BR1288. C47

國內近十年來之宗教思潮

Guo nei jin shi nian lai zhi zong jiao si chao

張欽士選輯

Zhang Qinshi, editor

［北京］：燕京華文學校，1927

［Beijing］：Yanjing hua wen xue xiao，1927

6, 6, 476 pages；19 cm

BR1297. W86H8

回憶吳耀宗先生

Hui yi Wu Yaozong xian sheng

中國基督教三自愛國運動委員會編

Zhongguo Jidu jiao san zi ai guo yun dong wei yuan hui，

editor

［China］：［s.n.］，1982

3, 225 pages，［10］pages of plates：ill.，map，portraits；21 cm

BR1603. K67

古教會血證史

Gu jiao hui xue zheng shi

高果能編譯

Gao Guoneng, editor and translator

［香港］：信義宗聯合出版部，1953

［Xianggang］：Xin yi zong lian he chu ban bu，1953

2, 2, 286 pages；19 cm

BS315. C55 1914

新約全書：官話和合

Xin yue quan shu：guan hua he he

［Place of publication not identified］: Sheng shu gong hui yin fa，1914

592 pages；19 cm

BS315. C5 192–

新舊約全書：和合本

Xin jiu yue quan shu：he he ben

［美國］: 聖經公會，［192×？］

［United States］: Sheng jing gong hui，［192×？］

1056, 352 pages，［10］leaves of plates：maps；20 cm

BS315. C5 1962

新舊約全書

Xin jiu yue quan shu

［香港］: 聖經公會，1962

［Xiang gang］: Sheng jing gong hui，1962

4，1503 pages：ill.，colour maps.；19 cm

BS315. C53 1959

聖詠譯義初稿

Sheng yong yi yi chu gao

吳經熊譯

Wu Jingxiong，translator

[臺北]: 臺灣商務印書館, 1959

[Taibei]: Taiwan shang wu yin shu guan, 1959

121 pages; 21 cm

BS315. C55 1922

新約聖書

Xin yue sheng shu

[上海]: 大美國聖經會, 1922

[Shanghai]: Da Meiguo Sheng jing hui, 1922

374 pages: color maps; 19 cm

BS315. C55 192×

新約全書: 官話和合譯本

Xin yue quan shu: guan hua he he yi ben

[中國]: 美英蘇聖經會合印, [192×?]

[China]: Mei ying su sheng jing hui he yin, [192×?]

640 pages; 11 cm

BS315. C55 1945

新約全書

Xin yue quan shu

[New York]: American Bible Society, 1945

414 pages; 13 cm

BS315. C55 1946

呂譯新約初稿

Lü yi xin yue chu gao

呂振中譯

Lü Zhenzhong, translator

［北京］: 燕京大學宗教學院，1946

［Beijing］: Yanjing da xue zong jiao xue yuan，1946

481 pages；22 cm

BS315. C55 1950

新約全書: 中西字

Xin yue quan shu: zhong xi zi

［中國］: 中華聖經會，1950

［China］: Zhonghua sheng jing hui，1950

672 pages: maps.；22 cm

BS315. C55 1962

新約全書: 中英文對照

Xin yue quan shu: zhong ying wen dui zhao

［香港］: 聖經公會印發，1962

［Xianggang］: Sheng jing gong hui yin fa，1962

740 pages: ill.（some color），maps.；19 cm

BS315. C57G62

插圖四福音及使徒行傳合訂本

Cha tu si fu yin ji shi tu xing zhuan he ding ben

［香港］: 聖經公會, 1961

［Xianggang］: Sheng jing gong hui, 1961

1 volume（various pagings）: ill. maps.; 23 cm

BS315. C57J6 1924

約翰福音: 廣東土白

Yue han fu yin: Guang dong tu bai

［上海］: 美國聖經會, 1924

［Shang hai］: Mei guo sheng jing hui, 1924

60 pages; 19 cm

BS315. C57L8 1924

路加福音: 廣東土白

Lujia fu yin: Guangdong tu bai

［上海］: 美國聖經會, 1924

［Shanghai］: Meiguo sheng jing hui, 1924

78 pages; 19 cm

BS315. C57M37 1924

馬可福音: 廣東土白

Make fu yin: Guangdong tu bai

［上海］: 美國聖經會印發, 1924

［Shanghai］: Meiguo sheng jing hui yin fa, 1924

44 pages; 19 cm

BS315. C57M38 1949

馬可福音：廣東話

Make fu yin：Guangdong hua

[中國]：中華聖經會，1949

[China]：Zhong hua sheng jing hui，1949

84 pages；13 cm

BS418. B415

聖經要旨

Sheng jing yao zhi

古樂人譯

Bell，Alvin Eugene，translator

[香港]：信義宗聯合出版部，1955

[Xianggang]：Xin yi zong lian he chu ban bu，1955

6，146 pages；19 cm

BS440. H519

聖經辭典

Sheng jing ci dian

海丁氏原著；上海廣學會譯輯

Hastings，James，author；Shanghai Guang xue hui，editor

[上海]：廣學會，1916

[Shanghai]：Guang xue hui，1916

1 volume（various pagings）：ill.，portraits；28 cm

BS558. C4V62

新約歷史日課

Xin yue li shi ri ke

佛格特編

Vogt, V., editor

[香港]: 信義宗聯合出版部，1954

[Xianggang]: Xin yi zong lian he chu ban bu, 1954

72 pages；19 cm

BR476. S3619

釋經學

Shi jing xue

司可迪著；魏國偉，李少蘭編譯

Schodde, George H., author；Wei Guowei, Li Shaolan,

translator

[香港]: 中華信義會書報部，1950

[Xiang gang]: Zhonghua xin yi hui shu bao bu, 1950

3，197 pages；19 cm

BS511. A6515

聖經難題

Sheng jing nan ti

Arndt, William, author；朱但理譯

Arndt, William, author；Zhu Danli, translator

[香港]: 信義宗聯合出版部，1954

[Xianggang]: Xin yi zong lian he chu ban bu, 1954

2，114 pages；19 cm

BS558. C4V6

舊約歷史日課

Jiu yue li shi ri ke

佛格特編

Vogt. V，editor

［香港］：信義宗聯合出版部，1954

［Xianggang］：Xin yi zong lian he chu ban bu，1954

70 pages；19 cm

BS605. F7252

正道上的行人：教員指南

Zheng dao shang de xing ren：Jiao yuan zhi nan

費來思著；施雲英譯

Frayser，Nannie Lee，author；Shi Yunying，translator

［上海］：廣學會，［1938］

［Shanghai］：Guang xue hui，［1938］

85 pages；19 cm

BS620. S519C4

考古學對聖經的見證

Kao gu xue dui sheng jing de jian zheng

舒德［蕭特］著；古樂人譯

Short，A. J. Rendle，author；Gu Leren，translator

［香港］：信義宗聯合出版部，1954

［Xianggang］: Xin yi zong lian he chu ban bu, 1954

72 pages; 19 cm

BS1140. R319C4

舊約入門

Jiu yue ru men

雷文著; 魏國偉, 陳建勛同譯

Raven, John Howard, author; Chen Jianxun; Wei Guowei, joint translator

［香港］: 中華信義會書報部, 1949

［Xiang gang］: Zhonghua xin yi hui shu bao bu, 1949

443 pages; 19 cm

BS1174. W435

舊約聖經神學

Jiu yue sheng jing shen xue

韋德爾著; 易德文, 呂紹端譯

Weidner, Revere Franklin, author; Edwins, A. W.; Lü Shaoduan, joint translator

［香港］: 信義宗聯合出版部, 1952

［Xianggang］: Xin yi zong lian he chu ban bu, 1952

303 pages; 19 cm

BS1215. H64

舊約六經新解

Jiuyue liu jing xin jie

夏禮賢著；鄭天嘉譯

Hollister, George W., author; Zheng Tianjia, translator

[上海]：美興印書局，1927

[Shanghai]: Mei xing yin shu ju, 1927

579 pages；22 cm

BS1525.2. N53

受苦的先知

Shou ku de xian zhi

倪衛順著；汪燮堯譯

Nilssen, Sven Wisloff, author; Wang Xieyao, translator

[香港]：信義宗聯合出版部，1953

[Xianggang]: Xin yi zong lian he chu ban bu, 1953

152 pages；19 cm

BS2330. B84

新約導論

Xin yue dao lun

穆格新著；陳建勛譯

Bugge, Sten, author; Chen Jianxun, translator

[香港]：信義宗聯合出版部，1952

[Xianggang]: Xin yi zong lian he chu ban bu, 1952

290 pages；19 cm

BS2330. C374

新約導論

Xin yue dao lun

誠質怡著

Cheng Zhiyi, author

［北京］：中華聖公會書籍委辦發刊, 1930

［Beijing］：Zhonghua Sheng gong hui shu ji wei ban fa kan,
1930

320 pages；19 cm

BS2397. E47

新約神學講義

Xin yue shen xue jiang yi

艾樂道著；馬雅各譯

Eid, Luthard N., author；James S. T. Ma, translator

［香港］：信義宗聯合出版部, 1955

［Xianggang］：Xin yi zong lian he chu ban bu, 1955

9, 270 pages；19 cm

BS2397. W4319

新約聖經神學

Xin yue Sheng jing shen xue

韋德爾著；易德文, 呂紹端譯

Weidner, Revere Franklin, author；Yi Dewen, Lü
Shaoduan, joint translator

［香港］：信義宗聯合出版部, 1953

［Xianggang］：Xin yi zong lian he chu ban bu, 1953

20, 570 pages；19 cm

BS2505. M6219

使徒保羅的道論

Shi tu Baoluo di dao lun

穆勒夫〔穆衣〕著；李蘭，汪燮堯，徐慶譽譯

Moe, Olaf Edward, author; Li Lan, Wang Xieyao, Xu Qingyu, joint translator.

〔香港〕：信義宗聯合出版社，1951-54

〔Xianggang〕：Xin yi zong lian he chu ban she, 1951-54

2 volumes; 19 cm

BS2615.2. R374

約翰福音的結構目的及其特點

Yuehan fu yin de jie gou mu di ji qi te dian

艾香德著；馬雅各筆述

Reichelt, Karl Ludvig, author; Ma Yage, narrator

〔香港〕：信義宗聯合出版部，1952

〔Xianggang〕：Xin yi zong lian he chu ban bu, 1952

33 pages: ill.; 19 cm

BS2665. B8319

羅馬書淺釋

Luoma shu qian shi

穆格新〔巴格〕著；周遊譯

Bugge, Sten., author; Zhou You, translator

〔香港〕：信義宗聯合出版部，1952

〔Xianggang〕：Xin yi zong lian he chu ban bu, 1952

6, 28, 286 pages; 19 cm

BS2665.5. R34

羅馬人書研究

Luoma ren shu yan jiu

藍道夫［阮道甫］著; Li Chengmei 譯

Randolph, H. G., author; Li Chengmei, translator

［香港］: 信義宗聯合出版部, 1954

［Xianggang］: Xin yi zong lian he chu ban bu, 1954

2, 100 pages; 19 cm

BS2675.5. G67

哥林多前書之研究

Gelinduo qian shu zhi yan jiu

艾瑋生譯

Gornitzka, Odd., translator

［香港］: 信義宗聯合出版部, 1954

［Xianggang］: Xin yi zong lian he chu ban bu, 1954

102 pages; 19 cm

BS2685.2. N48

加拉太書的研究

Jialatai shu de yan jiu

倪衛順, 胡治華, 汪燮堯著

Ni Weishun, Hu Zhihua, Wang Xieyao, joint author

［香港］: 信義宗聯合出版部, 1952

［Xianggang］: Xin yi zong lian he chu ban bu, 1952

46 pages; 19 cm

BS2695.2. N48

以弗所書的研究

Yifusuo shu de yan jiu

Nilssen, Sven Wisloff, author

［香港］: 信義宗聯合出版部, 1952

［Xianggang］: Xin yi zong lian he chu ban bu, 1952

2, 2, 6, 78 pages; 19 cm

BS2785.2. A47

雅各書的研究

Yage shu de yan jiu

安保吾［安德遜］著

Anderson, Palmer I., author

［香港］: 信義宗聯合出版部, 1954

［Xianggang］: Xin yi zong lian he chu ban bu, 1954

80 pages; 19 cm

BT75. A818

基督教之信仰

Jidu jiao zhi xin yang

Aulén, Gustaf, author; 謝受靈, 王敬軒譯

Aulén, Gustaf, author; Xie Shouling, Wang Jingxuan, joint translator

［香港］：信義宗聯合出版部，1954

［Xianggang］：Xin yi zong lian he chu ban bu，1954

2，18，404 pages；21 cm

BT75. J218

教義神學

Jiao yi shen xue

Jacobs，Henry Eyster，author

［香港］：信義宗聯合出版部，1952

［Xianggang］：Xin yi zong lian he chu ban bu，1952

2 volumes；19 cm

BT75. B835

基督教神學大綱

Jidu jiao shen xue da gang

浦朗著；鄒秉彝譯

Brown，William Adams，author；Zou Bingyi，translator

［上海］：廣學會，1938

［Shanghai］：Guang xue hui，1938

330，20 pages；21 cm

BT80. L5319

教義溯源

Jiao yi su yuan

林如德著；康爾伯，王敬軒譯

Lindroth，Hjalmar，author；Carlberg，Gustav；Wang

Jingxuan, joint translator

[香港]: 中華信義會書報部, 1949

[Xianggang]: Zhonghua xin yi hui shu bao bu, 1949

2, 65 pages; 18 cm

BT122. R315

聖靈充滿

Sheng ling chong man

阮道甫著; 李少蘭譯

Randolph, H. G., author; Li Shaolan, translator

[香港]: 信義宗聯合出版部, 1954

[Xianggang]: Xin yi zong lian he chu ban bu, 1954

2, 2, 78 pages; 19 cm

BT262. C27

希伯來書的贖罪觀

Xibolai shu de shu zui guan

康爾伯著; 呂紹端譯

Carlberg, Gustav, author; Lǚ Shaoduan, translator

[香港]: 信義宗聯合出版部, 1954

[Xianggang]: Xin yi zong lian he chu ban bu, 1954

46 pages; 19 cm

BT265. A8325

勝利的基督: 基督教的贖罪觀

Sheng li de Jidu: Jidu jiao de shu zui guan

Aulén, Gustaf, author；湯清譯

Aulén, Gustaf, author；Tang Qing, translator

［香港］: 中華信義會書報部，1951

［Xianggang］: Zhonghua xin yi hui shu bao bu, 1951

8，21，206 pages：ill., portrait；23 cm

BT301.2. L48

基督傳

Jidu zhuan

李兆强著

Li Zhaoqiang, author

［香港］: 基督教輔僑出版社，1955

［Xianggang］: Jidu jiao fu qiao chu ban she, 1955

2，162，4 pages：ill.；19 cm

BT306. T26

耶穌言論集

Yesu yan lun ji

湯清編

Tang Qing, editor

［香港］: 信義宗聯合出版部，1952

［Xianggang］: Xin yi zong lian he chu ban bu, 1952

2，16，131 pages；19 cm

BT380. C43

耶穌的人生哲學：一名登山寶訓新解

Yesu de ren sheng zhe xue: yi ming Deng shan bao xun xin jie

［上海］: 中華基督教文社，1926

［Shanghai］: Zhonghua Jidu jiao wen she，1926

12，2，350 pages；23 cm

BT430. A32C4 1954

受苦的主

Shou ku de zhu

薛耕南，萬子澄編

Xue Gengnan，Wan Zicheng，joint editor

［香港］: 信義宗聯合出版部，1954

［Xianggang］: Xin yi zong lian he chu ban bu，1954

28 pages；19 cm

BT453. S6458

主耶穌受苦史

Zhu Yesu shou ku shi

南華［彌敦］著；孟飛譯

Nathan，Soederblom，author；Meng，Fei，translator

［香港］: 瑞典教會中國差會董事部，1952

［Xianggang］: Ruidian jiao hui Zhongguo chai hui dong shi bu，1952

5，331，1 pages: ill.，portrait；19 cm

BT753. G86

怎樣行才可得救

Zen yang xing cai ke de jiu

金塞特著；湯清譯

Guldseth, Olaf, author; Tang Qing, translator

［香港］：信義宗聯合出版部，1952

［Xianggang］: Xin yi zong lian he chu ban bu, 1952

33 pages；19 cm

BT767. R7819

追求聖潔

Zhui qiu sheng jic

Erling Rund 著；漢理崧，顏路裔譯

Ruud, Erling, author; Hannesson, Johann, Yan Luyi, joint translator

［香港］：信義宗聯合出版部，1951

［Xianggang］: Xin yi zong lian he chu ban bu, 1951

72 pages；19 cm

BT821. W436

末世與來生

Mo shi yu lai sheng

威勒著；戴懷仁，王永生譯

Welle, Ivar, author; Dai Huairen, Wang Yongsheng, joint translator

［香港］：信義宗聯合出版部，1954

［Xianggang］: Xin yi zong lian he chu ban bu, 1954

93 pages；19 cm

BT875. M3215

原子弹与世界末日

Yuan zi dan yu shi jie mo ri

麥威爾著；新加坡翻譯館譯

Maxwell, Arthus Stanley, author; Xinjiapo fan yi guan, translator

［新加坡］：南洋時兆月報館，1948

［Xinjiapo］: Nan yang shi zhao yue bao guan, 1948

156 pages: ill.; 20 cm

BT990. S53

信條學

Xin tiao xue

喜渥恩選譯

Sihvonen, Erland, translator

［香港］：信義宗聯合出版部，1951

［Xianggang］: Xin yi zong lian he chu ban bu, 1951

2, 2, 10, 333 pages; 19 cm

BT1115. K67

古教會護教史

Gu jiao hui hu jiao shi

王爲義，倪衛順著；萬華清，李少蘭譯

Wang Weiyi; Ni Weishun author; Wan Huaqing; Li Shaolan, joint translator

［香港］：信義宗聯合出版部，1954

［Xianggang］: Xin yi zong lian he chu ban bu, 1954

126 pages; 19 cm

BV210. H3419

禱告

Dao gao

哈列斯比著；顏路裔譯

Hallesby, Ole, author; Yan Luyi, translator

［香港］: 信義宗聯合出版部, 1953

［Xianggang］: Xin yi zong lian he chu ban bu, 1953

184 pages; 19 cm

BV510. C4P8

普天頌讚：六公會聯合聖歌委員會第一次總報告

Pu tian song zan: Liu gong hui lian he sheng ge wei yuan hui di yi ci zong bao gao

［上海］: ［s.n.］, 1933

［Shanghai］: ［s.n.］, 1933

69, 37 pages; 19 cm

BV597. S56

基督教原教會特性

Jidu jiao yuan jiao hui te xing

薛耕南著；萬華清譯

Sjoholm, Gunnar, author; Wan Huaqing, translator

［香港］: 中華信義會瑞典差會, 1951

〔Xianggang〕: Zhonghua xin yi hui Ruidian chai hui, 1951

100 pages; 23 cm

BV603. A8419

教會教義與福音

Jiao hui jiao yi yu fu yin

奧連著; 康爾伯英譯; 汪燮堯, 王敬軒中譯

Aulén, Gustaf, author; Carlberg, Gustav English translator;

Wang Xieyao, Wang Jingxuan, joint translator

〔香港〕: 中華信義會書報部, 1949

〔Xianggang〕: Zhonghua xin yi hui shu bao bu, 1949

12 pages; 19 cm

BV823. B7315

聖餐禮: 歷代基督教教會中祝謝餐之信仰與實踐

Sheng can li: Li dai Jidu jiao jiao hui zhong zhu xie can zhi

xin yang yu shi jian

〔香港〕: 瑞典教會中國差會董事部, 1952

〔Xianggang〕: Ruidian jiao hui Zhongguo chai hui dong shi

bu, 1952

155, 61 pages; 19 cm

BV1475. L64 1906

教子準繩

Jiao zi zhun sheng

Loehr, George R., translator

［上海］：廣學會，1906

［Shanghai］：Guang xue hui，1906

26 leaves：ill.；19 cm

BV1520. W419C4

基督教教育學

Jidu jiao jiao yu xue

韋格爾著；呂紹端譯

Weigle, Luther Allan, author；Lǚ Shaoduan, translator

［香港］：信義宗聯合出版部，1953

［Xianggang］：Xin yi zong lian he chu ban bu，1953

292 pages；19 cm

BV1533. B419

萬師之師

Wan shi zhi shi

畢爾得黎著；全紹武譯

Beardslee, C. S., author；Quan Shaowu, translator

［上海］：中國主日學合會，［1914?］

［Shanghai］：Zhongguo zhu ri xue he hui，［1914?］

76 leaves；21 cm

BV3625. N5W319

黑河英雄探險記

Hei he ying xiong tan xian ji

華克爾著；連警齋譯

Walker, F. Deaville, author; Lian Jingzhai, translator

［上海］: 廣學會, 1938

［Shanghai］: Guang xue hui, 1938

354 pages; 19 cm

BV3797. M87

火熱的心

Huo re de xin

牧若馬著; 劉健譯

Muroma, Urho., author; Liu Jian, translator

［漢口］: 中華信義會書報部, 1948

［Hankou］: Zhonghua xin yi hui shu bao bu, 1948

180 pages; 24 cm

BV4223. N3519

經題指南

Jing ti zhi nan

聶思伯編; 連鳳卿, 倪爾森譯

Nesper, Paul William, editor; Lian Fengqing; Nilsson, joint translator

［香港］: 信義宗聯合出版部, 1953

［Xianggang］: Xin yi zong lian he chu ban bu, 1953

3, 257 pages; 19 cm

BV4225.2. Y43

證道小品

Zheng dao xiao pin

顏路裔編

Yan Luyi, editor

［香港］: 信義宗聯合出版部, 1955

［Xianggang］: Xin yi zong lian he chu ban bu, 1955

6, 4, 159 pages; 19 cm

BV4501. H24

聖靈充滿的基督徒

Sheng ling chong man de Jidu tu

哈列斯比著；戴懷仁譯

Hallesby, Ole., author; Dai, Huairen, translator

［香港］: 信義宗聯合出版部, 1954

［Xianggang］: Xin yi zong lian he chu ban bu, 1954

12 pages; 19 cm

BV4501. H72415

與主合一

Yu zhu he yi

古樂人譯

Gu Leren, translator

［香港］: 信義宗聯合出版部, 1955

［Xianggang］: Xin yi zong lian he chu ban bu, 1955

6, 2, 116 pages; 19 cm

BV4501. R3619

在基督裡的勝利

Zai Jidu li de sheng li

Randolph, H. G. 著；呂紹端譯

Randolph, H. G., author; Lü Shaoduan, translator

[香港]: 信義宗聯合出版部，1953

[Xianggang]: Xin yi zong lian he chu ban bu, 1953

4, 64 pages; 19 cm

BV4505. W56

給孤獨的人

Gei gu du de ren

Wisløff, H. E. 著；倪衛順、顏路裔譯

Wisløff, H. E., author; Ni Weishun, Yan Luyi yi

[漢口]: 中華信義會書報部，1950

[Hankou]: Zhong hua xin yi hui shu bao bu, 1950

2, 2, 100 pages.; 19 cm

BV4509. C4M8

苦難見神愛

Ku nan jian shen ai

Muroma, Urho. 著；楊道榮，古睿英譯

Muroma, Urho., author; Yang Daorong, Gu Ruiying, joint translator

[香港]: 信義宗聯合出版部，1952

[Xianggang]: Xin yi zong lian he chu ban bu, 1952

2, 1, 1, 41 pages; 19 cm

BV4509. C4S38

釋放

Shi fang

王敬軒譯

Wang Jingxuan, translator

［香港］: 信義宗聯合出版部, 1951

［Xianggang］: Xin yi zong lian he chu ban bu, 1951

2, 1, 146 pages; 19 cm

BV4510. N43

屬靈人

Shu ling ren

倪柝聲撰

Ni Tuosheng, author

［上海］: 福音書局, 1927

［Shanghai］: Fu yin shu ju, 1927

6 volumes（660 pages）; 19 cm

［v.1］靈魂體的總論—［v.2］肉體—［v.3］魂—［v.4］靈—［v.5］直覺交通和良心—［v.6］隨從靈而行

BV4515. M327

動人的故事

Dong ren de gu shi

馬克瑞口述; 戴丹理筆錄

Cora, Martinson, author; Dai Danli, editor

［香港］: 信義宗聯合出版部, 1955

［Xianggang］: Xin yi zong lian he chu ban bu, 1955

4, 2, 158 pages; 19 cm

BV4615. H318

良心論

Liang xin lun

Hallesby, Ole. 著; 楊懋春譯

Hallesby, Ole., author; Yang Maochun, translator

［香港］: 信義宗聯合出版部, 1952

［Xianggang］: Xin yi zong lian he chu ban bu, 1952

2, 2, 127 pages; 19 cm

BV4635. N925

歷代基督教愛觀的研究

Li dai Jidu jiao ai guan de yan jiu

Nygren, Anders 著; 薛耕南等譯

Nygren, Anders, author; Xue Gengnan ［and others］ translator

［香港］: 瑞典教會中國差會董事部, 1952

［Xianggang］: Rui dian jiao hui zhong guo chai hui dong shi bu, 1952

2 volumes: ill., portrait; 23 cm

BV4637. M437

信心的勝利

Xin xin de sheng li

Gustav，Mevik 著；漢理崧，顔路裔譯

Gustav Mevik，author；Hannesson，Johann；Yan Luyi，joint translator

［香港］：信義宗聯合出版部，1951

［Xianggang］：Xin yi zong lian he chu ban bu，1951

127 pages；19 cm

BV4740. B518 1949

身分論

Shen fen lun

比領著；者柏堅道［英譯］；萬華清，薛耕南［中譯］

Billing，Einar，author；Bergendoff Conrad，[English translator]；Wan Huaqing；Xue Gengnan，［translator］

［香港］：瑞典教會中國差會董事部，1949

［Xianggang］：Ruidian jiao hui Zhongguo chai hui dong shi bu，1949

4，228 pages：ill. front. port.；23 cm

BV4740. B518 1950

天職論

Tian zhi lun

比領著；曾約農譯

Billing，Einar，author；Zeng Yuenong，translator

［香港］：瑞典教會中國差會董事部，1950

［Xianggang］：Ruidian jiao hui Zhongguo chai hui dong shi bu，

1950

47，40 pages：ill.，portrait；22 cm

BV4811. I78

基督之友

Jidu zhi you

文助華著；陳景熹譯

Irwin, Donald A., author; Chen Jingxi, translator

［上海］：廣學會，1948

［Shanghai］：Guang xue hui, 1948

420 pages；19 cm

BV4811. M24

道

Dao

麥得森著；李少蘭譯

Madsen, Niels Peter, author; Li Shaolan, translator

［香港］：信義宗聯合出版部，1951

［Xianggang］：Xin yi zong lian he chu ban bu, 1951

369 pages；18 cm

BV4836. R6318

奮興的真意義

Fen xing de zhen yi yi

若瑟紐著；王敬軒譯

Rosenius, C. O., author; Wang Jingxuan, translator

［香港］：信義宗聯合出版部，1954

［Xianggang］：Xin yi zong lian he chu ban bu，1954

2，2，314 pages；19 cm

BV4839. C4A5

主需要你

Zhu xu yao ni

安保吾［安德遜］著；顏路裔譯

Anderson, Palmer I, author；Yan Luyi, translator

［香港］：信義宗聯合出版部，1953

［Xianggang］：Xin yi zong lian he chu ban bu，1953

2，80 pages；19 cm

BV4915. H319C4

新生：給初經靈性悔悟的人

Xin sheng：Gei chu jing ling xing hui wu de ren

哈列斯比著；魏國偉，李少蘭譯

Hallesby, Ole, author；Wei Guowei；Li Shaolan, joint translator

［香港］：信義宗聯合出版部，1954

［Xianggang］：Xin yi zong lian he chu ban bu，1954

34 pages；19 cm

BV4915. H2815

我爲什麼作基督徒

Wo wei shen me zuo Jidu tu

哈列斯比著；劉健譯

Hallesby, Ole, author; Liu Jian, translator

［漢口］: 中華信義會書報部, 1950

［Hankou］: Zhong hua xin yi hui shu bao bu, 1950

168 pages; 19 cm

BX154. C4P3

景教碑文註釋

Jing jiao bei wen zhu shi

［上海］: 中華聖公會書籍委辦發刊, 1925

［Shanghai］: Zhonghua sheng gong hui shu ji wei ban fa kan, 1925

1, 29 leaves; 26 cm

BX6111. W5719

善惡之爭

Shan e zhi zheng

懷愛倫［懷特］著; 蔡書紳譯

White, Ellen Gould Harmon, author; Cai Shushen, translator

［香港］: 時兆報館, 1950

［Xianggang］: Shi zhao bao guan, 1950

1, 2, 400, 13 pages: plates; 20 cm

BX6154. J6419

真自由了

Zhen zi you le

鍾斯著; 王翰章譯

Jones, E. B., author; Wang Hanzhang, translator

［香港］: 信義宗聯合出版部, 1951

［Xianggang］: Xin yi zong lian he chu ban bu, 1951

102 pages; 19 cm

BX7236. H63

聖教問答

Sheng jiao wen da

何樂益譯著; 李汝統校正

Hodous, Lewis, author; Li Rutong, editor.

［福州］: 公理會印書局活板, 1914

［Fuzhou］: Gong li hui yin shu ju huo ban, 1914

18 leaves; 19 cm

BX8015. Z5519

教友須知

Jiao you xu zhi

岑克著; 古樂人譯

Zinck, A., ahthor; Gu Leren, translator

［香港］: 信義宗聯合出版部, 1953

［Xianggang］: Xin yi zong lian he chu ban bu, 1953

129 pages; 19 cm

BX8065. G419C4

到得救之路

Dao de jiu zhi lu

Gerberding, G. H. 著; 陳建勛譯

Gerberding, G. H., author; Chen Jianxun, translator

［香港］: 信義宗聯合出版部, 1953

［Xianggang］: Xin yi zong lian he chu ban bu, 1953

4, 2, 152 pages; 19 cm

BX8065. T28

基督教之十大教義

Jidu jiao zhi shi da jiao yi

貝約翰著; 武仲傑譯

Tanner, Jacob, author; Wu Zhongjie, translator

［香港］: 信義宗聯合出版部, 1951

［Xianggang］: Xin yi zong lian he chu ban bu, 1951

96 pages; 19 cm

BX8066. B47

福音講壇

Fu yin jiang tan

Björsvik, Lars. 著; 胡慕蘇等譯

Björsvik, Lars., author; Hu Musu ［and others］, translator

［香港］: 信義宗聯合出版部, 1952–1953

［Xianggang］: Xin yi zong lian he chu ban bu, 1952–1953

2 volumes; 19 cm

BX8066. N9619

福音與新時代

Fu yin yu xin shi dai

朱但理譯

Nygren, Anders, translator

［香港］：信義宗聯合出版部，1952

［Xianggang］：Xin yi zong lian he chu ban bu，1952

43 pages；19 cm

BX8067. C5L8

信義會禮拜與聖事儀式

Xin yi hui li bai yu sheng shi yi shi

信義會禮拜儀式委員會編

Xin yi hui li bai yi shi wei yuan hui，editor

［香港］：信義宗聯合出版部，1955

［Xianggang］：Xin yi zong lian he chu ban bu，1955

292，［24］pages；21 cm

BX8067. P7K63

日用禱文

Ri yong dao wen

科斯基卡利奧著；王爲義譯

Koskikallio，Toivo，author；Wang Weiyi，translator

［香港］：信義宗聯合出版部，1954

［Xianggang］：Xin yi zong lian he chu ban bu，1954

4，191 pages；20 cm

BX8069. A2 1953

奧斯堡信條

Ausibao xin tiao

魏國偉，陳建勛譯

Wei Guowei; Chen Jianxun, joint translator

［香港］: 信義宗聯合出版部，1953

［Xianggang］: Xin yi zong lian he chu ban bu，1953

67 pages；19 cm

BX8070. L8S93

基督徒要學解釋

Jidu tu yao xue jie shi

戴懷仁著

Dai Huairen，author

［漢口］: 中華信義會書報部，1948

［Hankou］: Zhong hua xin yi hui shu bao bu，1948

106 pages；19 cm

BX8073. H3419

論聖餐

Lun sheng can

哈列斯比著；毛光儀，戴懷仁譯

Hallesby，Ole，author；Mao Guangyi，Dai Huairen，joint translator

［香港］: 信義宗聯合出版部，1952

［Xianggang］: Xin yi zong lian he chu ban bu，1952

47 pages；19 cm

BX8073.5. T32

論聖洗

Lun sheng xi

Tanner, Jacob 著；王翰章，李少蘭譯

Tanner, Jacob, author; Wang Hanzhang; Li Shaolan, joint translator

［香港］: 信義宗聯合出版部, 1952

［Xianggang］: Xin yi zong lian he chu ban bu, 1952

30 pages; 19 cm

BX8495. A82A5

亞士貝立傳

Yashibeili zhuan

林輔華著；谷雲階譯

Lin Fuhua, author; Gu Yunjie, translator

［上海］: 廣學會, 1938

［Shanghai］: Guang xue hui, 1938

127 pages; port.; 21 cm

BX8575. L617 1992

每日經句靈修手冊

Mei ri jing ju ling xiu shou ce

林宗正譯

Lin Zongzheng, translator

［高雄］: 基督教每日經句社, 1992

［Gaoxiong］: Jidu jiao mei ri jing ju she, 1992

219 pages; 15 cm

CT3203. W319

名人之母

Ming ren zhi mu

Archer Wallace, author

［上海］: 廣學會, 1933

［Shanghai］: Guang xue hui, 1933

111 pages: port.; 19 cm

DS121.3. N48

兩約之間

Liang yue zhi jian

Nilssen, Sven Wisloff 著; 倪衛順, 汪燮堯譯

Nilssen, Sven Wisloff, author; Ni Weishun; Wang Xieyao, joint translator

［香港］: 信義宗聯合出版部, 1952

［Xianggang］: Xin yi zong lian he chu ban bu, 1952

4, 48 pages; 19 cm

M2065. L86

聖誕詩歌選

Sheng dan shi ge xuan

頌主聖詩編譯委員會編選

Lutheran Hymnal Committee, editor

［香港］: 信義宗聯合出版部, 1953

[Xianggang]: Xin yi zong lian he chu ban bu, 1953

20 pages: music.; 23 cm

M2143. C5L8

頌主聖詩

Song zhu sheng shi

Lutheran Hymnal Committee, editor

[香港]: 信義宗聯合出版部, 1954

[Xianggang]: Xin yi zong lian he chu ban bu, 1954

650 pages; 18 cm

M2143. C5R3

協和頌主聖詩琴譜

Xie he song zhu sheng shi qin pu

[Shanghai]: Methodist Pub. House, 1922

718, xxx pages; 23 cm

PA881. S84

新約希漢英字典

Xin yue Xi Han Ying zi dian

司徒雷登編著

Stuart, John Leighton, author

[香港]: 信義宗聯合出版部, 1953

[Xianggang]: Xin yi zong lian he chu ban bu, 1953

238 pages; 24 cm

PN6071. C6 Y43

聖誕故事選

Sheng dan gu shi xuan

顏路裔編譯

Yan Luyi, translator

［香港］: 信義宗聯合出版部，1954

［Xianggang］: Xin yi zong lian he chu ban bu, 1954

63 pages: ill.; 19 cm

PZ3. O38

聖京劫

Sheng jing jie

俄荷倫著; 陳建勛譯

A. Ohorn, author; Chen Jianxun, translator

［漢口］: 中華信義會書報部，1948

［Han kou］: Zhong hua xin yi hui shu bao bu, 1948

454 pages; 18 cm

PZ3. W695D2

訂婚以後

Ding hun yi hou

溫德著; 陳建勛譯

G. L. Wind, author; Chen Jianxun, translator

［香港］: 信義宗聯合出版部，1955

［Xianggang］: Xin yi zong lian he chu ban bu, 1955

310 pagese; 19 cm

中文古籍書名拼音索引

Chan men ri song zhu jing

禪門日誦 / 78

Chan men ri song

昌黎先生集四十卷，外集十卷，遺文一卷，韓集點勘四卷 / 129
Changli xian sheng ji 40 juan, wai ji 10 juan, yi wen 1 juan, Han ji
    dian kan 4 juan

尺木堂綱鑑易知錄九十二卷，附御撰資治通鑑綱目三編二十卷
    / 26
Chi mu tang gang jian yi zhi lu 92 juan, Fu yu zhuan zi zhi tong
    jian gang mu san bian 20 juan

尺木堂綱鑑易知錄九十二卷 / 26
Chi mu tang gang jian yi zhi lu 92 juan

尺木堂明鑑易知錄十五卷 / 27
Chi mu tang ming jian yi zhi lu 15 juan

初學粤音切要 / 147
Chu xue yue yin qie yao [Chinese Phonetic Vocabulary, containing
    all the most common characters, with their sounds in canton
    dialect]

初學指南尺牘全集二卷 / 55
Chu xue zhi nan chi du quan ji 2 juan

創世紀 / 123
Chuang shi ji

創世紀 / 96
Chuang shi ji

春秋 / 5
Chun qiu

D

大悲懺儀合節 / 72
Da bei chan yi he jie

大東紀年五卷 / 23
Da dong ji nian 5 juan

大方廣佛華嚴經□□卷 / 67
Da fang guang fo hua yan jing □□ juan

大佛頂首楞嚴經正脈疏四十卷 / 69
Da fo ding shoulengyan jing zheng mai shu, 40 juan

大佛頂［如來密因修證了義諸菩薩萬行］首楞嚴經十卷 / 68
Da fo ding [Rulai miyin xiuzhengliaoyi zhu Pusa wan xing] shoulengyan jing, 10 juan

大清重刻龍藏彙記 / 72
Da Qing chong ke long zang hui ji

大清光緒三十一年歲次乙巳時憲書 / 42
Da Qing Guangxu san shi yi nian sui ci yi si shi xian shu

第九才子書平鬼傳四卷二十回 / 141
Di jiu cai zi shu ping gui zhuan 4 juan 10 hui

東廚司命定福寶經 / 88
Dong chu si ming ding fu bao jing

E

阿彌陀佛接引念佛善人往生西方 / 84
Emituofo jie yin nian fo shan ren wang sheng xi fang

兒女英雄傳評話八卷四十四回，續八卷三十二回 / 140

Er nü ying xiong zhuan ping hua 8 juan 44 hui, xu 8 juan 32 hui

二十四史 / 22

Er shi si shi

F

法界安立圖三卷，修習止觀坐禪法要一卷 / 73

Fa jie an li tu 3 juan, Xiu xi zhi guan zuo chan fa yao 1 juan

法界聖凡水陸普度大齋勝會儀軌會本六卷 / 76

Fa jie sheng fan shui lu pu du da zhai sheng hui yi gui hui ben 6 juan

梵網經菩薩戒 / 71

Fan wang jing Pusa jie

風月夢三十二回 / 143

Feng yue meng 32 hui

分類詩腋八卷 / 136

Fenlei shi ye 8 juan

佛説梵網經一卷，梵網經菩薩戒一卷 / 70

Fo shuo Fan wang jing 1 juan, Fan wang jing Pusa jie 1 juan

佛説觀無量壽佛經附圖頌 / 68

Fo shuo guan wu liang shou fo jing fu tu song

福建通志二百七十八卷，卷首繪圖六卷，附續採列女志 / 29

Fujian tong zhi 278 juan, juan shou hui tu 6 juan, Fu Xu cai lie nü
zhi

G

高王觀世音經 / 81

Gao wang Guan shi yin jing

高王觀世音經 / 82
Gao wang Guan shi yin jing

高王觀世音救苦真經 / 82
Gao wang Guanshiyin jiu ku zhen jing

格致啓蒙四卷 / 149
Ge zhi qi meng 4 juan

功過格 / 92
Gong guo ge

古今説海一百三十五種一百四十二卷 / 60
Gu jin shuo hai 135 zhong 142 juan

古經解彙函十六種，附小學彙函十四種，續附十種 / 1
Gu jing jie hui han 16 zhong, fu Xiao xue hui han 14 zhong, xu fu
　10 zhong

古泉匯六十四卷 / 35
Gu quan hui 64 juan

鼓山志十四卷 / 33
Gu shan zhi 14 juan

故事尋源十卷 / 56
Gu shi xun yuan 10 juan

古唐詩合解十二卷 / 133
Gu tang shi he jie 12 juan

觀音濟度本願真經二卷 / 83
Guan yin ji du ben yuan zhen jing 2 juan

廣輿記二十四卷 / 29
Guang yu ji 24 juan

觀世音菩薩救苦真經 / 82
Guanshiyin Pusa jiu ku zhen jing

裹如堂四書集註十九卷 / 8
Guo ru tang si shu ji zhu 19 juan

H

海南一勺合編內函十卷，外函三十二卷 / 76
Hainan yi shao he bian nei han 10 juan, wai han 32 juan

漢魏叢書八十六種四百三十五卷 / 62
Han wei cong shu 86 zhong 435 juan

華英通用雜話：上卷 / 147
Hua Ying tong yong za hua: Shang juan

華英竹書記，書經合編 / 144
Hua Ying Zhu shu ji, Shu jing he bian

皇朝通典一百卷，皇朝通志一百二十六卷，皇朝文献通考三百
卷 / 33
Huang chao tong dian 100 juan, Huang chao tong zhi 126 juan,
Huang chao wen xian tong kao 300 juan

繪圖歷代神仙傳 / 48
Hui tu li dai shen xian zhuan

繪圖三國志演義十二卷一百二十回 / 136
Hui tu Sanguozhi yan yi 12 juan 120 hui

繪圖西遊記後傳 / 139
Hui tu Xi you ji hou zhuan

彙集雅俗通十五音八卷 / 20
Huiji ya su tong shi wu yin 8 juan

豁落火車王天君真經 / 86
Huo luo huo che wang tian jun zhen jing

豁落王靈官真經 / 88
Huo luo wang ling guan zhen jing

J

紀效新書十八卷，首一卷 / 40
Ji xiao xin shu 18 juan, shou 1 juan

集新堂增訂帖式稱呼便覽 / 52
Ji xin tang zeng ding tie shi cheng hu bian lan

寄傲山房塾課新增幼學故事瓊林四卷 / 16
Ji'ao shanfang shu ke xin zeng You xue gushi qiong lin 4 juan

寄傲山房塾課新增幼學故事瓊林四卷 / 16
Ji'ao shanfang shu ke xin zeng You xue gushi qiong lin 4 juan

寄傲山房塾課新增幼學故事瓊林四卷 / 17
Ji'ao shanfang shu ke xin zeng You xue gushi qiong lin 4 juan

見道集十二卷 / 124
Jian dao ji 12 juan

江湖尺牘分韻撮要合集 / 52
Jiang hu chi du feng yun cuo yao he ji

江湖尺牘分韻撮要合集 / 53
Jiang hu chi du feng yun cuo yao he ji

江湖尺牘分韻撮要合集 / 54
Jiang hu chi du feng yun cuo yao he ji

校正尚友錄全集二十二卷 / 25

Jiao zheng Shang you lu quan ji 22 juan

較正幼學須知成語考二卷 / 58
Jiao zheng you xue xu zhi cheng yu kao 2 juan

解劫經 / 89
Jie jie jing

金剛經川老注 / 80
Jin gang jing chuan lao zhu

金谷園詳訂古文評註全集十卷 / 132
Jin gu yuan xiang ding gu wen ping zhu quan ji 10 juan

經典釋文三十卷 / 10
Jing dian shi wen 30 juan

經律異相二卷 / 72
Jing lü yixiang 2 juan

金剛般若波羅蜜經一卷 / 67
Jingang bore boluomi jing 1 juan

金剛經義疏 / 68
Jingangjing yi shu

金剛經注講 / 81
Jingangjing zhu jiang

救世主坐山教訓 / 118
Jiu shi zhu zuo shan jiao xun

舊新約聖書：文理 / 95
Jiu xin yue sheng shu: wenli

舊約全書 / 94
Jiu yue quan shu

Ku ren Yuese shi lu

L

路加傳福音書 / 112
Lujia chuan fu yin shu

路加傳福音書 / 112
Lujia chuan fu yin shu

路加福音 / 111
Lujia fu yin

論語集註十卷 / 5
Lun yu ji zhu 10 juan

M

馬可傳福音書 / 114
Make chuan fu yin shu

馬可傳福音書：繙譯福州平話 / 113
Make chuan fu yin shu: fan yi Fuzhou ping hua

馬可傳福音書 / 113
Make chuan fu yin shu

馬可傳福音書 / 114
Make chuan fu yin shu

馬可福音：文理 / 114
Make fu yin: wen li

馬可福音 / 113
Make fu yin

馬可傳：上海土白 / 113
Make zhuan: Shanghai tu bai

茂經樓詳訂古文評註全集十卷 / 132

Mao jing lou xiang ding gu wen ping zhu quan ji 10 juan

馬太傳福音書註釋 / 116
Matai chuan fu yin shu zhu shi

馬太傳福音書: 上海土音注解淺文 / 115
Matai chuan fu yin shu: Shanghai tu yin zhu jie qian wen

馬太傳福音書 / 116
Matai chuan fu yin shu

馬太福音傳: 上海土白 / 115
Matai fu yin zhuan: Shanghai tu bai

美以美聖會禮文例言: 平話 / 125
Mei yi mei sheng hui li wen li yan: ping hua

孟子七卷 / 6
Mengzi 7 juan

孟子七卷 / 6
Mengzi 7 juan

孟子 / 7
Mengzi

秘書廿一種 / 61
Mi shu nian yi zhong

閩都記三十三卷 / 31
Min du ji 33 juan

閩雜記十二卷 / 32
Min za ji 12 juan

名得利: 右卷 / 128
Ming de li: you juan

明史擥要八卷 / 27
Ming shi lan yao 8 juan

墨娥小録 / 45
Mo e xiao lu

摩訶般若波羅蜜多心經注 / 80
Moke bore boluomiduo xin jing zhu

目連救母 / 83
Mulian jiu mu

P

佩文韻府一百零六卷，韻府拾遺一百零六卷 / 17
Pei wen yun fu 106 juan, Yun fu shi yi, 106 juan

平妖續傳四卷二十回 / 140
Ping yao xu zhuan 4 juan 20 hui

評註圖像五才子書［水滸傳］七十回 / 137
Ping zhu tu xiang Wu cai zi shu [Shui hu zhuan] 70 hui

毗尼日用録 / 78
Pini ri yong lu

普通尺牘全璧八卷 / 54
Pu tong chi du quan bi 8 juan

Q

戚林八音合訂 / 21
Qi lin ba yin he ding

欽定大清會典圖一百三十二卷，欽定大清會典事例一千二百二十
卷 / 34

Qin ding da Qing hui dian tu 132 juan, Qin ding da Qing hui dian
   shi li 1220 juan

欽定古今圖書集成一萬卷目録四十卷考證二十四卷 / 58
Qin ding gu jin tu shu ji cheng 10000 juan mu lu 40 juan kao zheng
   24 juan

欽定七經 / 2
Qin ding qi jing

欽定四庫全書簡明目録二十卷 / 35
Qin ding Si ku quan shu jian ming mu lu 20 juan

欽定錢録十六卷 / 36
Qinding qian lu 16 juan

清文補彙八卷 / 135
Qing wen bu hui 8 juan

清文彙書十二卷 / 135
Qing wen hui shu 12 juan

圈點新約全書: 官話和合 / 107
Quan dian xin yue quan shu: guan hua he he

勸戒鴉片良言 / 47
Quan jie ya pian liang yan

R

人譜一卷，類記二卷 / 44
Ren pu 1 juan, lei ji 2 juan

榕郡名勝輯要三卷 / 51
Rongjun ming sheng ji yao 3 juan

S

三官大帝真經 / 87
San guan da di zhen jing

三國志二十四卷 / 137
San guo zhi 24 juan

三國志演義十二卷一百二十回，繡像評點封神榜全傳十九卷，
　圖像一卷 / 48
San guo zhi yan yi 12 juan 120 hui, Xiu xiang ping dian feng shen
　bang quan zhuan 19 juan, tu xiang 1 juan

三合便覽 / 14
San he bian lan

三字經 / 117
San zi jing

沙彌律儀要略，毘尼日用切要，弘戒重集，比丘尼四分戒本 /
　74
Shami lü yi yao lue, Pini ri yong qie yao, Hongjie chong ji, Biqiuni
　si fen jie ben

山海經十八卷 / 30
Shan hai jing 18 juan

山海經注解十八卷 / 30
Shan hai jing zhu jie 18 juan

尚友錄二十二卷 / 24
Shang you lu 22 juan

陝西通志一百卷 / 28
Shanxi tong zhi 100 juan

聖會禱文 / 120
Sheng hui dao wen

聖跡圖 / 24
Sheng ji tu

聖經全書 / 95
Sheng jing quan shu

聖經史記: 論若瑟之來歷 / 123
Sheng jing shi ji: Lun Ruose zhi lai li

聖經新約: 福州平話 / 101
Sheng jing xin yue: Fuzhou ping hua

聖經要言 / 117
Sheng jing yao yan

聲律啓蒙撮要二卷 / 57
Sheng lü qi meng cuo yao 2 juan

聖馬太福音 / 116
Sheng ma tai fu yin

聖門禮誌一卷，聖门樂誌一卷 / 39
Sheng men li zhi 1 juan, Sheng men yue zhi 1 juan

聖詩樂譜 / 121
Sheng shi yue pu

聖書地理 / 123
Sheng shu di li (Scripture geography)

聖賢像贊 / 24
Sheng xian xiang zan

聖學問答: 福州平話 / 125

Sheng xue wen da: Fuzhou ping hua

史記一百三十卷 / 22
Shi ji 130 juan

詩經增訂旁訓四卷 / 4
Shi jing zeng ding pang xun 4 juan

詩篇 / 99
Shi pian

使徒行傳二十八章 / 108
Shi tu xing zhuan 28 zhang

使徒行傳：官話 / 108
Shi tu xing zhuan: Guan hua

使徒行傳：上海土白 / 109
Shi tu xing zhuan: Shanghai tu bai

使徒行傳 / 108
Shi tu xing zhuan

時藝引時藝辨時藝核時藝課 / 46
Shi yi yin. Shi yi bian. Shi yi he. Shi yi ke

詩韻含英十八卷 / 18
Shi yun han ying 18 juan

詩韻集成十卷 / 18
Shi yun ji cheng 10 juan

詩韻集成十卷 / 19
Shi yun ji cheng 10 juan

詩韻珠璣五卷 / 57
Shi yun zhu ji 5 juan

Si shu ji zhu

四書疏注撮言大全三十三卷 / 8
Si shu shu zhu cuo yan da quan 33 juan

祀先辨謬 / 93
Si xian bian miu

宋本十三經注疏附校勘記 / 2
Song ben Shi san jing zhu shu fu jiao kan ji

俗話傾談二集二卷 / 50
Su hua qing tan er ji 2 juan

T

太上慈凡度厄雷文寶懺十八卷 / 89
Tai shang ci fan du e lei wen bao chan 18 juan

太上感應篇直講 / 85
Tai shang gan ying pian zhi jiang

太上感應篇 / 85
Tai shang gan ying pian [Le livre des récompenses et des peines, avec commentaires et légendes]

太微仙君純陽呂祖師功過格，附居官格，閨門格 / 92
Tai wei xian jun chun yang Lü Zushi gong guo ge, Fu ju guan ge, gui men ge

太玄集注四卷 / 42
Tai xuan ji zhu 4 juan

太陽太陰靈應真經 / 89
Tai yang tai yin ling ying zhen jing

Wu ying dian ju zhen ban shu 148 zhong 2748 juan

武英殿聚珍版書一百四十八種二千七百四十八卷 / 66
Wu ying dian ju zhen ban shu 148 zhong 2748 juan

吾主耶穌基督新約聖書八卷 / 107
Wu zhu Yesu Jidu xin yue sheng shu 8 juan

無垢子心經解諸經摘要 / 79
Wugouzi Xin jing jie zhu jing zhai yao

X

西國算學 / 150
Xi guo suan xue

西醫略論 / 150
Xi yi lue lun

西遊真詮十卷一百回 / 138
Xi you zhen quan 10 juan 100 hui

詳訂古文評註全集十卷 / 131
Xiang ding gu wen ping zhu quan ji 10 juan

鄉訓五十二則 / 122
Xiang xun wu shi er ze

詳註分類飲香尺牘時令集句四卷 / 55
Xiang zhu fen lei yin xiang chi du shi ling ji ju 4 juan

小方壺齋輿地叢鈔十二帙一千二百種 / 28
Xiao fang hu zhai yu di cong chao12 zhi 1200 zhong

新舊約全書 / 93
Xin jiu yue quan shu

新舊約全書 / 93
Xin jiu yue quan shu

新舊約全書 / 94
Xin jiu yue quan shu

新舊約全書 / 94
Xin jiu yue quan shu

新舊約全書 / 95
Xin jiu yue quan shu

新刻批點四書讀本十九卷 / 9
Xin ke pi dian Si shu du ben 19 juan

新刻全本明心正文 / 43
Xin ke quan ben Ming xin zheng wen

新刻萬法歸宗五卷 / 91
Xin ke Wan fa gui zong 5 juan

新刻陰陽顯報水鬼陞城隍全傳四卷二十回 / 141
Xin ke yin yang xian bao shui gui sheng cheng huang quan zhuan 4
  juan 20 hui

新鍥異說五虎平西珍珠旗演義狄青前傳十四卷一百一十二回 /
  141
Xin qin yi shuo Wu hu ping xi zhenzhu qi yanyi Di Qing qian
  zhuan 14 juan112 hui

心算指明 / 122
Xin suan zhi ming

新約全書: 官話 / 101
Xin yue quan shu: guan hua

新約全書: 官話 / 104
Xin yue quan shu: guan hua

新約全書: 文理 / 103
Xin yue quan shu: wen li

新約全書: 文理 / 104
Xin yue quan shu: wen li

新約全書: 中西字 / 106
Xin yue quan shu: Zhong xi zi

新約全書 / 100
Xin yue quan shu

新約全書 / 100
Xin yue quan shu

新約全書 / 100
Xin yue quan shu

新約全書 / 101
Xin yue quan shu

新約全書 / 102
Xin yue quan shu

新約全書 / 102
Xin yue quan shu

新約全書 / 103
Xin yue quan shu

新約全書 / 103
Xin yue quan shu

新約全書 / 105

Xin yue quan shu

新約全書 / 105

Xin yue quan shu

新約全書 / 105

Xin yue quan shu

新約全書 / 106

Xin yue quan shu

新約全書 / 99

Xin yue quan shu

新約全書 / 99

Xin yue quan shu

新約聖書 / 102

Xin yue sheng shu

新約聖書 / 106

Xin yue sheng shu

新約聖書 / 107

Xin yue sheng shu

新約原文必讀 / 121

Xin yue yuan wen bi du

性相通説 / 74

Xing xiang tong shuo

繡像封神演義一百回 / 49

Xiu xiang feng shen yan yi 100 hui

繡像封神演義一百回 / 49

Xiu xiang feng shen yan yi 100 hui

繡像京本雲合奇踪玉茗英烈全傳十卷八十回 / 139
Xiu xiang Jing ben yun he qi zong Yu ming ying lie quan zhuan 10
    juan 80 hui

繡像西漢演義四卷一百回，繡像東漢演義二卷一百二十六回 /
    50
Xiu xiang xi han yan yi 4 juan 100 hui, Xiu xiang dong han yan yi
    2 juan 126 hui

袖珍華英字典 / 145
Xiu zhen hua ying zi dian

血盆寶經 / 129
Xue pen bao jing

訓俗遺規四卷 / 128
Xun su yi gui 4 juan

Y

臙脂牡丹六卷 / 142
Yan zhi mu dan 6 juan

耶穌登山寶訓 / 118
Yesu deng shan bao xun

耶穌教聖詩 / 121
Yesu jiao sheng shi

耶穌言行錄：摘用聖經 / 118
Yesu yan xing lu: zhai yong Sheng jing

一百條四卷 / 15
Yi bai tiao 4 juan

異端總論 / 47

Yi duan zong lun

藝文備覽一百二十卷 / 15
Yi wen bei lan 120 juan

音注小倉山房尺牘八卷 / 130
Yin zhu xiao cang shan fang chi du 8 juan

英華仙尼華四雜字文 / 145
Ying Hua Xiannihuasi za zi wen

瀛環志略十卷 / 30
Ying huan zhi lüe 10 juan

英民史記三卷 / 148
Ying min shi ji 3 juan

以賽亞書 / 96
Yisaiya shu

意拾喻言 / 149
Yishi yu yan

伊娑菩喻言 / 148
Yisuopu yu yan

伊娑菩喻言 / 148
Yisuopu yu yan

牖民覺路四卷 / 127
You min jue lu 4 juan

右文堂詳訂古文評註全集十卷 / 131
You wen tang xiang ding gu wen ping zhu quan ji 10 juan

玉曆鈔傳警世 / 90
Yu li chao chuan jing shi

玉曆鈔傳聖像 / 91
Yu li chao chuan sheng xiang

玉曆 / 90
Yu li

玉樞贊化寶經 / 87
Yu shu zan hua bao jing

御製增訂清文鑑三十二卷，目録一卷，補編四卷，總綱八卷，
　補總綱一卷 / 134
Yu zhi zeng ding Qing wen jian 32 juan, Mu lu 1 juan, Bu bian 4
　juan, Zong gang 8 juan, Bu zong gang 1 juan

元亨療馬集四卷，元亨療牛集二卷 / 40
yuan heng liao ma ji 4 juan, Yuan heng liao niu ji 2 juan

圓覺經略疏二卷 / 70
Yuanjue jing lue shu, 2 juan

閱微草堂筆記二十四卷 / 45
Yue wei cao tang bi ji 24 juan

粵音指南四卷 / 146
Yue yin zhi nan 4 juan

約伯記畧 / 96
Yuebo ji lue

約翰傳福音書：官話 / 109
Yuehan chuan fu yin shu: guan hua

約翰傳福音書：官話 / 110
Yuehan chuan fu yin shu: Guan hua

約翰傳福音書 / 110

Yuehan chuan fu yin shu

約翰傳福音書翻譯福州平話二十八章 / 110
Yuehan chuan fuyin shu fan yi Fuzhou ping hua 28 zhang

約翰福音 / 109
Yuehan fu yin

約瑟紀略 / 117
Yuese ji lüe

雲林別墅纂輯酬世錦囊書啓續編四卷 / 56
Yun lin bie shu zuan ji chou shi jin nang shu qi xu bian 4 juan

雲林別墅纂輯酬世錦囊家禮纂要續編五卷，天下路程續編二
　　卷，稱呼帖式續編三卷，對聯雋句續編五卷 / 51
Yun lin bie shu zuan ji shou shi jin nang jia li zuan yao xu bian 5
　　juan, Tian xia lu cheng xu bian 2 juan, Cheng hu tie shi xu bian
　　3 juan, Dui lian jun ju xu bian 5 juan

Z

褉用表文 / 75
Za yong biao wen

增補尺牘分韻撮要合集 / 55
Zeng bu chi du fen yun cuo yao he ji

增補關西字彙十二集，首一卷，末一卷 / 14
Zeng bu guang xi zi hui 12 ji, shou 1 juan, mo 1 juan

增補繪像山海經廣注五卷 / 31
Zeng bu hui xiang shan hai jing guang zhu 5 juan

曾文正公家書十卷，附大事記，家訓，榮哀錄 / 25
Zeng Wenzheng gong jia shu 10 juan, Fu da shi ji, jia xun, rong ai lu

Zhi wei xuan bing yan 6 juan, Zhi wei xuan gu shi 4 juan

中峰國師所傳繪像大悲本 / 77
Zhong feng guo shi suo chuan hui xiang da bei ben

中外戲法圖説十二卷 / 43
Zhong wai xi fa tu shuo 12 juan

中西聞見録：第十五號 / 151
Zhong xi wen jian lu: Di 15 hao

中庸章句 / 7
Zhong yong zhang ju

注釋九家詩十一卷 / 134
Zhu shi jiu jia shi 11 juan

註心賦四卷 / 79
Zhu xin fu 4 juan

莊子內篇注四卷 / 84
Zhuangzi nei pian zhu 4 juan

字典集成，華英句語 / 146
Zi dian ji cheng, Hua ying ju yu

字彙十二卷，首一卷，末一卷，韻法直圖 / 13
Zi hui 12 juan, shou 1 juan, mo 1 juan, Yun fa zhi tu

字譜 / 144
Zi pu

子書二十八種 / 36
Zi shu er shi ba zhong

A specimen of Chinese metrical Psalms / 99

基督教文獻書名拼音索引

Dong ren de gu shi

F

奮興的真意義 / 190
Fen xing de zhen yi yi

服務真銓 / 154
Fu wu zhen quan

福音講壇 / 194
Fu yin jiang tan

福音與新時代 / 194
Fu yin yu xin shi dai

G

哥林多前書之研究 / 173
Gelinduo qian shu zhi yan jiu

給孤獨的人 / 186
Gei gu du de ren

古教會護教史 / 180
Gu jiao hui hu jiao shi

古教會血證史 / 161
Gu jiao hui xue zheng shi

國內近十年來之宗教思潮 / 161
Guo nei jin shi nian lai zhi zong jiao si chao

H

黑河英雄探險記 / 183

Hei he ying xiong tan xian ji

回憶吳耀宗先生 / 161
Hui yi Wu Yaozong xian sheng

火熱的心 / 184
Huo re de xin

J

基督傳 / 177
Jidu zhuan

基督教教育學 / 183
Jidu jiao jiao yu xue

基督教倫理學 / 152
Jidu jiao lun li xue

基督教全國大會報告書 / 160
Jidu jiao quan guo da hui bao gao shu

基督教神學大綱 / 175
Jidu jiao shen xue da gang

基督教與新中國 / 160
Jidu jiao yu xin Zhongguo

基督教原教會特性 / 181
Jidu jiao yuan jiao hui te xing

基督教哲學 / 153
Jidu jiao zhe xue

基督教之概觀 / 153
Jidu jiao zhi gai guan

Jiao zi zhun sheng

經題指南 / 184
Jing ti zhi nan

景教碑文註釋 / 192
Jing jiao bei wen zhu shi

舊約歷史日課 / 168
Jiu yue li shi ri ke

舊約六經新解 / 169
Jiuyue liu jing xin jie

舊約入門 / 169
Jiu yue ru men

舊約聖經神學 / 169
Jiu yue sheng jing shen xue

K

考古學對聖經的見證 / 168
Kao gu xue dui sheng jing de jian zheng

苦難見神愛 / 186
Ku nan jian shen ai

L

歷代基督教愛觀的研究 / 188
Li dai Jidu jiao ai guan de yan jiu

良心論 / 188
Liang xin lun

兩約之間 / 198

每日經句靈修手冊 / 197
Mei ri jing ju ling xiu shou ce

名人之母 / 198
Ming ren zhi mu

末世與來生 / 179
Mo shi yu lai sheng

P

普天頌讚：六公會聯合聖歌委員會第一次總報告 / 181
Pu tian song zan: Liu gong hui lian he sheng ge wei yuan hui di yi
ci zong bao gao

R

認識路德 / 156
Ren shi Lude (Martin Luther)

日用禱文 / 195
Ri yong dao wen

S

善惡之爭 / 192
Shan e zhi zheng

身分論 / 189
Shen fen lun

勝利的基督：基督教的贖罪觀 / 176
Sheng li de Jidu: Jidu jiao de shu zui guan

聖餐禮：歷代基督教教會中祝謝餐之信仰與實踐 / 182
Sheng can li: Li dai Jidu jiao jiao hui zhong zhu xie can zhi xin

yang yu shi jian

聖誕故事選 / 200
Sheng dan gu shi xuan

聖誕詩歌選 / 198
Sheng dan shi ge xuan

聖教問答 / 193
Sheng jiao wen da

聖京劫 / 200
Sheng jing jie

聖經辭典 / 166
Sheng jing ci dian

聖經要旨 / 166
Sheng jing yao zhi

聖靈充滿 / 176
Sheng ling chong man

聖靈充滿的基督徒 / 185
Sheng ling chong man de Jidu tu

聖詠譯義初稿 / 162
Sheng yong yi yi chu gao

使徒保羅的道論 / 172
Shi tu Baoluo di dao lun

釋放 / 187
Shi fang

釋經學 / 167
Shi jing xue / 167

Xie he song zhu sheng shi qin pu

新舊約全書：和合本 / 162
Xin jiu yue quan shu: he he ben

新舊約全書 / 162
Xin jiu yue quan shu

新生：給初經靈性悔悟的人 / 191
Xin sheng: Gei chu jing ling xing hui wu de ren

新約導論 / 170
Xin yue dao lun

新約導論 / 170
Xin yue dao lun

新約歷史日課 / 167
Xin yue li shi ri ke

新約全書：官話和合 / 162
Xin yue quan shu: guan hua he he

新約全書：官話和合譯本 / 163
Xin yue quan shu: guan hua he he yi ben

新約全書：中西字 / 164
Xin yue quan shu: zhong xi zi

新約全書：中英文對照 / 164
Xin yue quan shu: zhong ying wen dui zhao

新約全書 / 163
Xin yue quan shu

新約神學講義 / 171
Xin yue shen xue jiang yi

中華基督教會年鑑 1915 年第 2 期 / 157
Zhonghua Jidu jiao hui nian jian 1915 nian di 2 qi

中華基督教會年鑑 1915 年第 3 期 / 157
Zhonghua Jidu jiao hui nian jian 1915 nian di 3 qi

中華基督教會年鑑 1917 年第 4 期 / 158
Zhonghua Jidu jiao hui nian jian 1917 nian di 4 qi

中華基督教會全國總會第二屆常會紀念冊 / 159
Zhonghua Jidu jiao hui quan guo zong hui di er jie chang hui ji
nian ce

中華基督教會全國總會第三屆常會議錄及第六屆續行委員部年
會記錄 / 159
Zhong hua jidu jiao hui quan guo zong hui de san jie chang hui yi
lu ji de liu jie xu xing wei yuan bu nian hui ji lu

中華基督教會全國總會第四屆續行委員部年會議錄 / 159
Records and minutes of the fourth annual meeting of the General
Council of the Church of the Christ in China

主需要你 / 191
Zhu xu yao ni

主耶穌受苦史 / 178
Zhu Yesu shou ku shi

追求聖潔 / 179
Zhui qiu sheng jie

宗教仍有存在之可能否 / 153
Zong jiao reng you cun zai zhi ke neng fou

最近反基督教運動的記評 / 160
Zui jin fan Jidu jiao yun dong de ji ping